CLÁSSICOS GREGOS E LATINOS

Rio profundo, os padrões e valores da cultura greco-latina estão subjacentes ao pensar e sentir do mundo hodierno. Modelaram a Europa, primeiro, e enformam hoje a cultura ocidental, do ponto de vista literário, artístico, científico, filosófico e mesmo político. Daí poder dizer-se que, em muitos aspectos, em especial no campo das actividades intelectuais e espirituais, a nossa cultura é, de certo modo, a continuação da dos Gregos e Romanos. Se outros factores contribuíram para a sua formação, a influência dos ideais e valores desses dois povos é preponderante e decisiva. Não conseguimos hoje estudar e compreender plenamente a cultura do mundo ocidental, ao longo dos tempos, sem o conhecimento dos textos que a Grécia e Roma nos legaram. É esse o objectivo desta colecção: dar ao público de língua portuguesa, em traduções cuidadas e no máximo fiéis, as obras dos autores gregos e latinos que, sobrepondo-se aos condicionalismos do tempo e, quantas vezes, aos acasos da transmissão, chegaram até nós.

CLÁSSICOS GREGOS E LATINOS

Colecção elaborada sob supervisão
do Instituto de Estudos Clássicos da Faculdade de Letras
da Universidade de Coimbra
com a colaboração
da Associação Portuguesa de Estudos Clássicos

TÍTULOS PUBLICADOS:

1. AS AVES, de Aristófanes
2. LAQUES, de Platão
3. AS CATILINÁRIAS, de Cícero
4. ORESTEIA, de Ésquilo
5. REI ÉDIPO, de Sófocles
6. O BANQUETE, de Platão
7. PROMETEU AGRILHOADO, de Ésquilo
8. GÓRGIAS, de Platão
9. AS BACANTES, de Eurípides
10. ANFITRIÃO, de Plauto
11. HISTÓRIAS - Livro I, de Heródoto
12. O EUNUCO, de Terêncio
13. AS TROIANAS, de Eurípides
14. AS RÃS, de Aristófanes
15. HISTÓRIAS - Livro III, de Heródoto
16. APOLOGIA DE SÓCRATES • CRÍTON, de Platão
17. FEDRO, de Platão
18. PERSAS, de Ésquilo
19. FORMIÃO, de Terêncio
20. EPÍDICO, de Plauto
21. HÍPIAS MENOR, de Platão
22. A COMÉDIA DA MARMITA, de Plauto
23. EPIGRAMAS - Vol. I, de Marcial
24. HÍPIAS MAIOR, de Platão
25. HISTÓRIAS - Livro VI, de Heródoto
26. EPIGRAMAS - Vol. II, de Marcial
27. OS HERACLIDAS, de Eurípides

OS HERACLIDAS

Capa de Edições 70
Athena Lemnia, de Fídias
Desenho de Louro Fonseca a partir de uma cópia romana

Depósito legal n.º 158609/00

ISBN 972-44-1055-2

EDIÇÕES 70, LDA.
Rua Luciano Cordeiro, 123 - 2.º Esq.º – 1069-157 LISBOA / Portugal
Telef.: 213 190 240
Fax: 213 190 249

EURÍPIDES

OS HERACLIDAS

Introdução, tradução do grego e notas de

CLÁUDIA RAQUEL CRAVO DA SILVA

PREFÁCIO

Nos últimos decénios, muitas peças de Eurípides têm sido vertidas para a língua portuguesa[1]. Temos conhecimento da existência de numerosas traduções directas do grego, com introdução e notas, elaboradas, a maioria, no âmbito do Centro de Estudos Clássicos e Humanísticos da Universidade de Coimbra, e, algumas, no do Centro de Estudos Clássicos da Universidade de Lisboa. São elas: *Alceste, Andrómaca, As Bacantes, Electra, As Fenícias, Hécuba, Héracles, Hipólito, Ifigénia em Áulide, Íon, Medeia, Orestes* e *As Troianas*. Outras estão já em preparação.

Os Heraclidas era uma das poucas tragédias ainda não estudadas, pelo que nos decidimos por esta escolha. Que não estamos perante uma das obras-primas de Eurípides, desse facto temos plena consciência. Mas nem por isso a peça é destituída de interesse, e não deixa de merecer um exame cuidadoso aos muitos problemas que levanta: a data, a insegurança do texto em variadíssimos pontos, o elevado número de prováveis lacunas, a singularidade de algumas cenas e – sobretudo – da própria construção dramática.

[1] São raras as traduções de Eurípides anteriores à nossa época. Há apenas, do séc. XVIII, algumas paráfrases inéditas do Padre Francisco José Freire (mais conhecido pelo nome poético de Cândido Lusitano) que vêm citadas no *Dicionário Bibliographico Portuguez*, e ainda, de 1803, uma versão do *Hipólito*, da autoria do Padre Joaquim de Foios, que tem a particularidade de apresentar uma edição bilingue.

A realização deste trabalho muito ficou a dever ao contributo de todos quantos nos dispensaram, de uma forma ou de outra, a sua atenção.

Credora do nosso maior reconhecimento é, sem dúvida, a Prof. Doutora Maria Helena da Rocha Pereira, não só pelas suas inúmeras e preciosas sugestões, mas também pela gentileza com que pôs à nossa inteira disposição a sua vasta biblioteca.

A todos os professores e funcionárias do Instituto de Estudos Clássicos queremos agradecer o ambiente de cordialidade e cooperação que, ao longo destes anos, nos proporcionaram. Uma palavra especial merece, no entanto, a colega e amiga Luísa Ferreira, pela sua disponibilidade e dedicação invulgares.

Gostaríamos ainda de agradecer ao Prof. Doutor Jean Irigoin pela simpatia com que se prontificou a enviar-nos os seus interessantes estudos sobre a peça em causa, aos quais, de outro modo, não poderíamos ter acesso.

Finalmente, não podemos esquecer aqueles que foram o nosso suporte emocional e que connosco mais de perto compartilharam das alegrias e vicissitudes deste trabalho – à Talita, ao Zé, à Alzira, ao João e ao John, aqui deixamos o testemunho do nosso afecto.

Cláudia Raquel Cravo da Silva

OBSERVAÇÕES PRELIMINARES

Os autores e as obras da Antiguidade Grega são indicados pelas abreviaturas que figuram em LIDDELL-SCOTT, *A Greek-English Lexicon* (Oxford, reimpr. 1996) e os da Antiguidade Latina pelas de GLARE, P. G. W., *Oxford Latin Dictionnary* (Oxford, reimpr. 1982).

A edição utilizada para a tradução é a de DIGGLE, J., *Euripidis Fabulae. Tome I.* (Oxford, 1984)

As siglas adoptadas para as publicações periódicas são as de *L'Année Philologique:*

AJPh *(American Journal of Philology);*
BICS *(Bulletin of the Institute of Classical Studies of the University of London);*
CPh *(Classical Philology);*
CQ *(Classical Quaterly);*
GRBS *(Greek, Roman and Byzantine Studies);*
PP *(La Parola del Passato);*
QUCC *(Quaderni Urbinati di Cultura Classica);*
RBPh *(Revue Belge de Philology et d'Histoire);*
RL *(Revista de Letras de São Paulo);*
SCO *(Studi Classici e Orientali);*
SIFC *(Studi Italiani di Filologia Classica);*
Stud Clas *(Studii Clasice);*
YCIS *(Yale Classical Studies).*

INTRODUÇÃO

1. A DATA

A cronologia das obras conservadas de Eurípides é uma das grandes dificuldades que qualquer estudioso do poeta tem de enfrentar. Se é possível definirmos, com algum rigor, a data de representação de *Alceste* (438), *Medeia* (431), *Hipólito* (428), *As Troianas* (415), *Helena* (412), *Orestes* (408), *As Bacantes* (406) e *Ifigénia em Áulide* (406), a verdade é que não dispomos de elementos que nos permitam situar num momento exacto as outras peças do tragediógrafo.

Os Heraclidas é um dos dramas euripidianos cuja circunstância de representação não pode ser estabelecida com segurança. Dentro desta limitação, longe de pretendermos fixar em definitivo a data da peça, cingir-nos-emos a apresentar, em breves palavras, as diferentes hipóteses levantadas pelos principais especialistas da obra e a verificar quais os argumentos mais razoáveis e, por conseguinte, qual a altura mais provável da sua representação.

As diversas propostas de datação das tragédias não datadas de Eurípides desde sempre se têm apoiado em dados métricos e linguísticos, assim como em possíveis alusões a acontecimentos da história contemporânea do autor. Segundo nos parece, qualquer proposta que aspire a um mínimo de solidez deve assentar no maior número possível de dados, já que não há um critério que, por si só, constitua uma base segura para a solução deste problema.

Quando se trata de datar *Os Heraclidas*, é sem dúvida o critério das alusões a eventos contemporâneos que suporta a maioria dos argumentos dos estudiosos, uma vez que a actualidade desta tragédia é um facto inconcusso. Há, todavia, lugar a grande controvérsia quando se tenta precisar que actualidade está em causa. Com efeito, a unanimidade da crítica não vai além da noção muito geral de que a peça foi escrita durante a Guerra do Peloponeso.

Em 1875, Wilamowitz[1] apresenta uma hipótese de datação de *Os Heraclidas* que vem a ser largamente seguida em estudos posteriores. De acordo com este helenista, a obra teria sido produzida entre 430 e 427 a.C.. Várias são as razões que o induzem a optar por estes limites temporais[2], mas o seu argumento mais forte é o que assenta nas palavras proferidas por Euristeu no final da peça. Neste contexto, anuncia o rei argivo que, depois da sua morte, há-de proteger os Atenienses contra uma invasão protagonizada pelos descendentes dos Heraclidas. Ora, seguindo o raciocínio de Wilamowitz, uma profecia como esta é obrigatoriamente ulterior ao seu efectivo cumprimento. Portanto, a tragédia em causa não pode ter sido representada antes de 430, ano em que a armada espartana invadiu a Ática pela segunda vez[3] mas em que, segundo Diodoro[4], poupou a Tetrápole. É significativa a justificação que o historiador siciliano dá para este facto: δίκαιον γὰρ ἡγοῦντο τοῖς εὐηργετηκόσι τοὺς προγόνους παρὰ τῶν ἐκγόνων τὰς προσηκούσας εὐεργεσίας ἀπολαμβάνειν («é que eles [os Espartanos] consideravam justo que os benfeitores dos seus antepassados recebessem, em troca, da sua descendência, mercês equivalentes»). Por outro lado, continua Wilamowitz, a profecia de Euristeu é também uma evidência de que a peça não foi representada depois do Verão de 427, altura em que, de acordo com Tucídides[5], a devastação da Ática tinha sido geral.

Pearson[6] segue de perto os argumentos expostos por Wilamowitz, acrescentando apenas, na tentativa de precisar mais a data, que "é mais provável que o drama tenha sido escrito numa altura em que o sentimento causado pela invasão ainda estava fresco no espírito dos que a sofreram"[7].

---

[1] WILAMOWITZ-MOELLENDORFF (1875).

[2] A tese de Wilamowitz foi bem resumida por SPRANGER (1925: 124).

[3] Sabemos por Tucídides que as primeiras invasões espartanas aconteceram em 431, 430, 428, 427 e 425.

[4] 12.45.

[5] 3.26.

[6] PEARSON (1907: xxx-xxxiii).

[7] PEARSON (1907: xxxii).

Spranger[8], por seu turno, vai empenhar-se em rebater, ponto por ponto, a tese de Wilamowitz. Considera o estudioso que a cena final de *Os Heraclidas* não prova que a tragédia tenha sido representada antes da invasão de 427, a menos que fosse intenção do autor creditar o aviso profético do rei argivo. Ora, já que é tendência natural de Eurípides não dar crédito a oráculos, conclui Spranger que é bastante provável que ele tenha colocado aquelas palavras na boca de Euristeu após terem sido historicamente negadas em 427. Spranger propõe para a peça a data de 419, mas as razões que apresenta, longe de serem convincentes[9], têm sido alvo de críticas muito negativas[10].

Méridier[11], um dos maiores especialistas de Eurípides, embora considere que o tratamento que os Argivos recebem em *Os Heraclidas* não é o melhor, vai contudo reagir contra aqueles que afirmam que esta é uma obra dirigida contra Argos e, por conseguinte, a datam de 418-417[12], altura em que, segundo Tucídides[13], os Argivos se separaram de Atenas para se ligarem a Esparta. Afirma Méridier que "o dado lendário em que assenta o drama é quanto basta para explicar que os Argivos aí sejam tratados sem consideração"[14]. Na opinião deste crítico, o inimigo visado na peça só pode ser Esparta, uma vez que considera evidente que a referência de Euristeu aos descendentes dos Heraclidas que hão-de invadir Atenas é uma alusão aos Espartanos e às suas incursões durante os primeiros anos da Guerra do Peloponeso. É com esta

[8] SPRANGER (1925).

[9] SPRANGER (1925: 125-128) ignora os critérios métricos e vê na atitude para com Argos presente na peça (vv. 340, 364, etc.) o factor decisivo para a datar por volta de 420, época da aliança entre Atenas e aquela cidade. Opta em seguida pelo ano de 419, adiantando dois motivos: primeiro, porque encadeia *Os Heraclidas* numa trilogia com *Cresfonte*, uma peça cuja data é também incerta; depois, porque entende a desdenhosa referência a Tráquis que aparece no v. 193 da nossa tragédia, no seguimento da vitória que os Atenienses conseguiram sobre esta cidade no Inverno de 420/419.

[10] Uma das maiores críticas à tese de Spranger foi proferida por CONACHER (1967: 122-123).

[11] MÉRIDIER (1925: 194-195).

[12] Esta é a opinião de vários críticos da peça cujos argumentos foram resumidos por DELEBECQUE (1951: 75).

[13] V. 79.

[14] MÉRIDIER (1925: 195).

convicção que Méridier vai retomar a tese de Wilamowitz, considerando impossível fixar uma data mais precisa do que os anos 430-427.

Pelo que acabámos de ver, julgo podermos desde já concluir que as hipóteses de datação de *Os Heraclidas* assentam basicamente em dois factos: a profecia de Euristeu nos vv. 1026-1044[15] e a relação entre Argos e Atenas presente na peça[16]. São pois estes dados que estão na origem das duas principais teorias de datação da tragédia: de um lado, os adeptos de 430-427; de outro, os partidários de 418-417.

Em 1951, Delebecque resume (e bem!) os argumentos das duas partes e chega à conclusão que nenhuma das posições está livre de críticas[17]. Segundo este estudioso, os defensores de 430-427 cometem o erro de afirmar que o inimigo visado na peça não é Argos. No entanto, os adeptos de 418-417 não podem fazer descer a data da obra daquela maneira, ignorando os dados métricos e linguísticos que, sem dúvida, a colocam ao lado de *Alceste, Medeia* e *Hipólito*. Titubeante entre estas duas ordens de ideias, Delebecque decide então que o mais correcto será conciliar numa só teoria o que cada uma das posições tem de verdadeiro. Ele reconhece o peso dos argumentos que datam a tragédia entre 430 e 427, mas porque insiste que "o tom anti-argivo ecoa por toda a peça"[18], vai tentar encontrar em Tucídides elementos que possam servir de base a um tal sentimento em Atenas durante aqueles anos. Ao longo de dezoito páginas assistimos ao esforço do estudioso no sentido de provar que entre 430 e 427 a neutralidade de Argos era apenas aparente e, por conseguinte, haveria razões históricas para a animosidade de Atenas contra aquela cidade. Após várias ilações[19], conclui Delebecque que é possível encaixar *Os*

[15] Apoiada nos textos de Diodoro e Tucídides já referidos (cf. *supra*, n. 4 e n. 5, respectivamente).

[16] Apesar de a grande maioria dos críticos olharem a peça como fundamentalmente "anti-argiva", também há os que, pelo contrário, descobrem em *Os Heraclidas* um ambiente favorável entre Atenas e Argos. *Vide*, neste sentido, SPRANGER (1925: 126). Segundo nos parece, a divergência de opiniões denuncia, desde logo, a fragilidade das teorias baseadas neste facto.

[17] DELEBECQUE (1951: 74-77).

[18] DELEBECQUE (1951: 76).

[19] DELEBECQUE (1951: 77-94).

Heraclidas entre *Medeia* e *Hipólito*, considerando muito provável que Eurípides tenha destinado esta tragédia às Leneias de 429[20].

Uma década mais tarde é a vez de Goossens[21], dentro do mesmo espírito de procura de alegadas referências a acontecimentos contemporâneos, apresentar a sua proposta de datação da peça. Este helenista vai preocupar-se em rebater a tese de Wilamowitz, argumentando que o objectivo do oráculo de Euristeu não seria a promessa de salvação de Atenas, mas sim o anúncio profético de um regresso penoso para os invasores espartanos. Ora, neste sentido, as palavras pronunciadas pelo soberano argivo teriam sido escritas depois da devastação de 427, e não antes, como concluíra Wilamowitz. Goossens coloca a data de *Os Heraclidas* em 426[22], altura em que, na sua opinião, era urgente escrever um drama patriótico que reavivasse o amor dos cidadãos pela sua cidade e a fidelidade dos aliados atenienses, após os terríveis anos de 428 e 427.

Se atentarmos nas multíplices conclusões a que chegam os críticos com base na interpretação dos acontecimentos históricos, facilmente entendemos que estamos perante uma tendência cujos resultados são bastante incertos. Afirma Borowska a este respeito: "A interpretação dos mesmos versos, muitas vezes arrancados do contexto da peça, leva-os a soluções inteiramente contraditórias, perigosas até, já que servem de argumento para fixar a data da representação da obra, data que, uma vez estabelecida, é garantia da probabilidade histórica da interpretação que fizeram"[23]. Nesta perspectiva, é preciso dar razão aos que, como Zuntz, se insurgem contra os excessos das interpretações baseadas em alusões a factos contemporâneos. Na célebre obra intitulada *The Political Plays of Euripides*, o estudioso chega mesmo a afirmar que "o argumento que parte destas alusões falha por completo"[24].

---

[20] Dois grandes concursos dramáticos tinham lugar, anualmente, em Atenas: um, durante as Leneias, no fim de Janeiro; outro, nos três últimos dias das Grandes Dionísias, no fim de Março. Cf. PICKARD-CAMBRIDGE (1968).

[21] GOOSSENS (1962).

[22] Estamos de acordo com CONACHER (1967: 122) quando este diz que Goossens datou *Os Heraclidas* "de modo algo arbitrário".

[23] BOROWSKA (1989: 17).

[24] ZUNTZ (1955: 78).

Relativamente à data de *Os Heraclidas,* acredita Zuntz poder fixá-la com alguma precisão "quando as indicações de carácter geral se combinam com as que emergem de certos detalhes significativos, estando todas elas relacionadas com a situação contemporânea"[25]. Em sua opinião, a hipótese de Wilamowitz, ainda que bastante aceite, não é suficientemente convincente. Tendo por base Tucídides, como já vimos[26], Wilamowitz havia concluído que a Tetrápole fora devastada em 427, data que passou a indicar como *terminus ante quem* para a apresentação da peça em causa. Zuntz faz objecções a esta tese, chamando a atenção para uma afirmação de Istro que sugere que a Tetrápole foi poupada do início ao fim da guerra[27]. Por outro lado, nas palavras proféticas de Euristeu não aparece uma referência explícita à Tetrápole[28] e, muito embora a acção de *Os Heraclidas* tenha lugar em Maratona, ao longo do drama o primeiro plano é dado a Atenas, às suas ideias, aos seus sentimentos. Consequentemente, também a predição do rei argivo se dirigiria a todos os Atenienses e, nesse sentido, não teria sido pronunciada depois do Verão de 430, aquando da primeira grande invasão espartana. De facto, se a profecia vaticina o insucesso dos Espartanos, dificilmente poderia ter sido apresentada a uma audiência que acabara de sofrer o pior golpe do inimigo. No seguimento destas considerações, vê Zuntz a Primavera de 430 como a única data propícia ao oráculo de Euristeu. Em 431, uma invasão espartana deixara incólume a maior parte da Ática. Os Atenienses mantinham-se firmes e preparavam--se com afinco para a campanha seguinte. Respirava-se um ambiente de confiança, para o qual muito contribuíra a Oração Fúnebre proferida por Péricles, nesse mesmo Inverno, em honra dos soldados mortos em combate[29]. É esse clima de entusiasmo e

[25] ZUNTZ (1955: 81).

[26] Cf. *supra*, n. 5.

[27] Segundo ZUNTZ (1955: 83), Istro dá-nos a seguinte informação de âmbito geral: "os Lacedemónios, embora devastassem a outra região, pouparam a Tetrápole por causa dos Heraclidas".

[28] V. 1035: "quando eles *aqui* voltarem (...)".

[29] Este discurso de Péricles teve como principal objectivo a exaltação do orgulho nacional dos Atenienses. *Vide* Th. 2.35-46.

de esperança que *Os Heraclidas* de Eurípides deixa transparecer. Depois de 430, os insucessos bélicos juntamente com a peste devem ter causado em Atenas um sentimento geral muito diferente[30]. É assim que Zuntz, combinando vários argumentos, acaba por estabelecer 430 como o ano da primeira representação da peça, não sem antes acrescentar que o exame relativo à métrica confirma esta datação, uma vez que coloca *Os Heraclidas* entre *Medeia* e *Hipólito*.

Já anteriormente Pohlenz[31] propusera esta mesma data, baseado contudo num argumento que, em nossa opinião, tem falta de consistência. O helenista afirma que a cena final de Alcmena é um claro protesto contra os prisioneiros atenienses mortos cruelmente pelos Espartanos e que o poeta dificilmente se insurgiria contra este acto depois que Atenas, em 430, começou a proceder do mesmo modo em relação aos prisioneiros inimigos[32]. Temos de concordar com a reacção de Zuntz a esta conjectura: "É possível que alguns Atenienses do público original se tenham, de facto, recordado desta experiência contemporânea. Mas se Eurípides se tivesse sentido impelido a registar este protesto, poderia ter feito melhor do que mostrar-nos uma mulher louca (que não é Espartana) a matar um prisioneiro (que não é Ateniense)"[33].

A hipótese de datação de Zuntz tem vindo a ser aceite por muitos estudiosos. Dentre eles, destaque para Lesky, que considera a data sugerida por Zuntz bastante plausível[34]; e para Wilkins, que conclui o seu raciocínio afirmando que Zuntz talvez deva ser seguido[35].

Também a nós a proposta de Zuntz se nos afigura a mais aceitável, uma vez que a sua argumentação baseada em reflexos de acontecimentos contemporâneos na peça, além de bastante persuasiva, vai de facto ao encontro dos dados resultantes da análise métrica.

---

[30] *Vide* Th. 2.53.
[31] POHLENZ (1954).
[32] *Vide* Th. 2.67.
[33] ZUNTZ (1955: 41, n. 2).
[34] LESKY (1983: 256).
[35] WILKINS (1993: xxxiv).

Vários são os critérios métricos utilizados para a datação das tragédias euripidianas[36]. Não nos alongaremos nesta matéria, tarefa que seria ingente e ao mesmo tempo improfícua, já que a validade de muitos desses critérios parece duvidosa. Todavia julgamos conveniente registar, em breves palavras, as conclusões obtidas com o estudo da resolução das longas nos trímetros iâmbicos, um dado considerado importante quando se tenta estabelecer a cronologia das peças conservadas de Eurípides. Este aspecto da métrica foi ultimamente estudado por Ceadel[37] e por Webster[38]. A respeito de *Os Heraclidas,* conclui o primeiro que esta obra "com 5,7% de resoluções, parece ter sido composta entre *Medeia* (431), com 6,6%, e *Hipólito*, com 4,3%"[39]. Semelhantes são os resultados de Webster: "a percentagem de pés resolvidos (5,9%) associa *Os Heraclidas* a *Medeia* (6,5%) e a *Hipólito* (5,4%)"[40].

Não queríamos terminar sem antes mencionarmos um último critério utilizado por aqueles que tentam estabelecer a provável ordem cronológica das peças de Eurípides. Referimo-nos à análise linguística e a especialistas como Breitenbach[41], que se dedicou a examinar a linguagem das partes líricas dos dramas euripidianos, contabilizando os termos épicos, as palavras esquilianas e os neologismos aí presentes. Deduziu o próprio estudioso que não devemos atribuir uma grande importância ao vocabulário da epopeia e de Ésquilo, já que o primeiro depende dos temas adoptados pelo coro e o segundo não apresenta grande variação ao longo da obra de Eurípides. O único critério que talvez possamos considerar é o que diz respeito aos neologismos e que, segundo Breitenbach, aproxima *Os Heraclidas* das primeiras peças do autor[42].

---

36 O estudo de RIBEIRO FERREIRA, J. (1971: 14-17) dá-nos uma ideia geral sobre o assunto.

37 CEADEL (1941: 66-89).

38 WEBSTER (1967).

39 CEADEL (1941: 74).

40 WEBSTER (1967: 101).

41 BREITENBACH (1967).

42 Cf. RIBEIRO FERREIRA, J. (1971: 18).

Embora com resultados não muito precisos, a verdade é que a análise linguística também não contradiz a proposta de Zuntz para a qual nos temos vindo a inclinar. Nesta perspectiva, não obstante as devidas reservas impostas por uma problemática deste tipo, parece-nos legítimo afirmar que os elementos resultantes dos vários critérios confluem para a probabilidade de *Os Heraclidas* de Eurípides ter tido a sua apresentação ao público ateniense no ano 430 a.C..

2. A TRANSMISSÃO DA PEÇA

Como é sabido, da extensa produção de Eurípides temos hoje ainda acesso a dezoito tragédias[1] e a um drama satírico, o *Ciclope,* único exemplo completo dessa modalidade dramática. Estas peças são provenientes de duas fontes antigas distintas. Dez delas chegaram até nós sob a forma de 'obras escolhidas', fazendo parte de uma espécie de antologia publicada no tempo do Imperador Adriano (séc. II d.C.)[2]. Porque tinham um propósito escolar, tais tragédias eram acompanhadas de notas explicativas (escólios). As restantes peças do dramaturgo que conhecemos provêm de dois volumes pertencentes a uma edição que englobava todas as obras do autor. Ao que tudo indica, estes exemplares, que perduraram por mero acaso, encontravam-se organizados por ordem alfabética, razão pela qual em Eurípides predominam os títulos principiados por E, H e I. As peças cuja transmissão seguiu este caminho, as chamadas 'peças alfabéticas'[3], não têm escólios.

Figura neste grupo o texto de *Os Heraclidas,* que sobreviveu num manuscrito dos inícios do século XIV, o Laurentianus 32.2, mais conhecido por L. Para além deste códice, existe ainda um outro que conserva a tragédia dos filhos de Héracles. Este segundo manuscrito, geralmente designado por P, foi escrito nos finais do

[1] Se incluirmos uma, o *Reso,* que não deve ser autêntica.

[2] As sete peças de Ésquilo que possuímos, assim como as outras sete de Sófocles, derivam de selectas semelhantes, possivelmente elaboradas pela mesma pessoa.

[3] Ἑλένη («Helena»), Ἠλέκτρα («Electra»), Ἡρακλεῖδαι («Os Heraclidas»), Ἡρακλῆς («Héracles»), Ἱκέτιδες («As Suplicantes»), Ἰφιγένεια ἡ ἐν Αὐλίδι («Ifigénia em Áulide»), Ἰφιγένεια ἡ ἐν Ταύροις («Ifigénia entre os Tauros»), Ἴων («Íon»), Κύκλωψ («Ciclope»).

mesmo século XIV e é constituído por duas partes[4]. A relação existente entre P e L tem sido um assunto muito discutido, em particular no que diz respeito a esta peça de Eurípides. Alguns estudiosos[5] consideram que os dois manuscritos foram copiados do mesmo original e, nessa perspectiva, P seria independente de L. Zuntz[6], no entanto, parece ter conseguido demonstrar, com sólidos argumentos, que P é uma cópia de L[7]. Esta posição, que assinala um marco importantíssimo na crítica textual de Eurípides, merece agora a quase unanimidade dos especialistas.

O maior problema que se levanta relativamente à transmissão de *Os Heraclidas* consiste em saber se o texto de L é fiel ao original euripidiano ou se, pelo contrário, como tem sido comum pensar-se, a obra foi conservada já depois de revista e alterada por outrem. Hermann foi o primeiro a sugerir, em 1824, que o texto da peça, tal como o conhecemos, se encontra bastante mutilado, muito particularmente no final, antes do v. 1053. Esta hipótese de mutilação de *Os Heraclidas* foi remodelada e desenvolvida por Kirchhoff, em 1855, e umas décadas depois por Wilamowitz, que é o responsável pela sua enorme influência posterior. De facto, as conclusões apresentadas por este último estudioso[8] foram aceites como definitivas por um grande número de críticos e editores de Eurípides.

Depois da saída de Macária[9] e da intervenção do Coro que louva a abnegação da donzela, não mais ouvimos falar da sua morte. Quando Alcmena sai do templo, no v. 646, facilmente nos apercebemos de que ela não tem conhecimento do sacrifício da neta, e o drama termina sem que a velha mãe de Héracles tenha sido informada da triste ocorrência. Numa tentativa de resolver este estranho silêncio à volta de Macária, Kirchhoff levantou a hipótese de uma lacuna depois do segundo estásimo, mais precisamente o corte de todo um episódio onde teria lugar o relato

---

[4] Palatinus 287 (que contém os vv. 1-1002 de *Os Heraclidas*) + Laurentianus Conv. Suppr. (que contém os vv. 1003-1055 da mesma tragédia).

[5] É o caso de Wilamowitz e de Murray.

[6] ZUNTZ (1965). Sobre esta questão, *vide* ainda ZUNTZ (1955: 146-152).

[7] Tanto no que concerne a *Os Heraclidas*, como às outras oito 'peças alfabéticas'.

[8] WILAMOWITZ-MOELLENDORFF (1882, reimpr. 1971).

[9] No v. 597 ou no v. 601.

do sacrifício da jovem e as lamentações de Alcmena, seguidas de um canto do Coro[10]. Wilamowitz vai mais longe ao argumentar que a lacuna não se deve explicar admitindo um desaparecimento acidental de algumas folhas do manuscrito primitivo, mas que o episódio foi deliberadamente suprimido e os vv. 630-660 foram reescritos numa tentativa de dissimular a excisão anterior. Pensa o helenista que a mutilação da tragédia terá acontecido por altura do século IV, obra de um qualquer encenador de teatro. E esta reelaboração cénica não se terá confinado ao episódio de Macária. Com efeito, na sua opinião, as partes do Coro também sofreram alterações: o párodo foi abreviado e remodelado; o primeiro estásimo não é trabalho do dramaturgo e está em vez de um canto em honra de Atena; no fim do segundo estásimo faltam alguns versos de exaltação do heroísmo da filha de Héracles.

O facto de *Os Heraclidas*, com os seus 1055 versos, ser a mais curta das peças de Eurípides é também um dos argumentos comummente utilizado por aqueles que defendem que a obra comporta grandes lacunas. Mas a suposição de que o nosso texto provém de um exemplar onde figuravam multíplices discordâncias relativamente ao original do poeta não se baseia apenas em argumentos retirados da própria tragédia. Na verdade, as suspeitas de mutilação aumentam devido à existência de vários fragmentos que não figuram em L e que foram atribuídos pelos antigos a este drama. Sem indicar a peça de onde são retirados, Oríon cita cinco versos[11] como sendo de Eurípides:

ὅστις δὲ τοὺς τεκόντας ἐν βίωι σέβει,
ὅδ᾽ ἐστὶ καὶ ζῶν καὶ θανὼν θεοῖς φίλος.
ὅστις δὲ †τοὺς φύσαντας† μὴ τιμᾶν θέληι,
μή μοι γένοιτο μήτε συνθύτης θεοῖς
μήτ᾽ ἐν θαλάσσηι κοινόπλουν στέλλοι σκάφος.

Aquele que, em vida, venera os seus progenitores,
esse é, vivo ou morto, prezado pelos deuses.

[10] Esta conjectura de Kirchhoff tem como suporte a seguinte frase presente no Argumento da peça: ταύτην μὲν οὖν εὐγενῶς ἀποθανοῦσαν ἐτίμησαν («prestaram honras a esta morte sublime»).

[11] Fr. 852 N.

Mas aquele que não assentir em honrar os que lhe deram a vida,
que não me suceda nem que ele me acompanhe nos sacrifícios aos deuses
nem que, no mar, partilhe comigo o mesmo navio.

Estobeu[12] reproduz os dois primeiros destes versos com o seguinte esclarecimento: Εὐριπίδου Ἡρακλείδαις. Com a mesma indicação, dá-nos a conhecer um outro fragmento[13]:

τρεῖς εἰσὶν ἀρεταί, τὰς χρεών σ' ἀσκεῖν, τέκνον·
θεούς τε τιμᾶν τούς τε θρέψαντας γονεῖς
νόμους τε κοινοὺς Ἑλλάδος· καὶ ταῦτα δρῶν
κάλλιστον ἕξεις στέφανον εὐκλείας ἀεί.

Três são as virtudes em que deves exercitar-te, filho:
honrar os deuses, os pais que te criaram
e as leis comuns da Grécia; se assim fizeres
terás sempre a mais bela coroa de glória.

Também em Estobeu[14] podemos encontrar dois versos atribuídos a Εὐριπίδης Ἡρακλεῖ (Ἡρακλεί<δαις> Nauck):

τὸ μὲν σφαγῆναι δεινόν, εὔκλειαν δ' ἔχει·
τὸ μὴ θανεῖν δέ δειλόν, ἡδονὴ δ' ἔνι.

Terrível é ser sacrificado, mas é glorioso;
Não morrer é cobardia, mas agradável, é.

Com o apontamento Εὐριπίδου Ἡρακλείδαις, Estobeu[15] cita ainda um verso que não aparece no texto que conhecemos: καὶ τοῖς τεκοῦσιν ἀξίαν τιμὴν νέμειν («e tributar aos pais as devidas honras»)[16].

---

[12] 4.25.2.
[13] 3.1.80 (fr. 853 N).
[14] 3.7.8 (fr. 854 N). Lemos os mesmos versos em Plutarco (*Moralia* 447 e), embora este autor não faça referência nem a Eurípides nem a *Os Heraclidas*.
[15] 4.25.3.
[16] Fr. 949 N.

Falta apenas mencionar que o escoliasta de Aristófanes indica o v. 214 de *Os Cavaleiros* (τάραττε καὶ χόρδευ' ὁμοῦ τὰ πράγματα «misturas os negócios públicos, amassa-los todos juntos, numa pasta»)[17] como sendo uma paródia ἐξ Ἡρακλειδῶν Εὐριπίδου, e que, mais uma vez, não conseguimos encontrar na nossa peça nada comparável às palavras do comediógrafo.

Wilamowitz não hesitou em utilizar três dos referidos fragmentos na reconstrução do episódio que considera ter sido eliminado depois do v. 629 da tragédia em causa. O especialista supõe que no original existia um debate sobre o sacrifício de Macária e a justeza de um tal acto. Uma vez que o fr. 854 N alude ao terror e à glória do sacrifício, Wilamowitz entende-o como fazendo parte integrante daquele debate. O fr. 852 N, onde encontramos uma incitação a que se venerem os pais, é colocado no fim do hipotético relato da morte da filha de Héracles. Quanto ao fr. 853 N, que determina que os homens devem honrar os deuses, os pais e as leis comuns dos Gregos, avalia-o o helenista como sendo palavras de Iolau supostamente dirigidas a Demofonte.

A interpretação de Wilamowitz, perpetuada na nota *fabula misere mutila* presente na edição oxoniense da peça[18], foi contudo impugnada por vários estudiosos e encontra-se hoje praticamente desacreditada[19]. Zuntz, com o seu artigo *Is the Heraclidae mutilated?*[20], é o principal responsável pela perda de valimento da teoria de mutilação da tragédia[21]. Empenhado sobretudo em

---

[17] Fr. 851 N. Apresentamos a tradução de SILVA, M. F. S. (Introd. trad. comm. *Os Cavaleiros*, Coimbra, ²1991).

Os cinco fragmentos que acabámos de transcrever foram comentados por WILKINS (1993: 193-195).

[18] MURRAY (1963).

[19] Não podemos, no entanto, ignorar especialistas como GUERRINI (1972), por exemplo, que retomou a antiga posição de Wilamowitz. Infelizmente, não nos foram acessíveis dois outros artigos do mesmo autor: *I frammenti degli Eraclidi di Euripide*, SCO 19-20, 1970-1971; *La morte di Macaria (Eurip., Heraclid. 819-822)*, SIFC 45, 1973.

[20] ZUNTZ (1947).

[21] É, porém, de realçar que a teoria de Zuntz tem predecessores. É o caso de Méridier, que já em 1925 punha objecções aos argumentos de Wilamowitz, chegando mesmo a afirmar que "o carácter extremo das conclusões de Wilamowitz denuncia os perigos da tese e a ousadia do método". *Vide* MÉRIDIER (1925: 190-193).

refutar os pontos de vista defendidos por Wilamowitz, Zuntz faz uso de uma concisa e convincente argumentação que, sem dúvida, vai influenciar extraordinariamente os trabalhos posteriores. Tendo em conta a importância do referido artigo, resumiremos, em breves palavras, as suas ideias fundamentais.

Diz Zuntz no início do seu estudo: "as objecções levantadas por Wilamowitz não parecem suportar a sua conclusão. Pelo contrário, avaliadas convenientemente, elas sugerem a unidade e a harmonia da obra original"[22]. Ao longo das sete páginas o helenista vai tentar justificar a veracidade desta afirmação.

No que diz respeito aos fragmentos geralmente atribuídos a *Os Heraclidas* e que não se encontram em L, a opinião de Zuntz é que não há provas evidentes de que pertençam à nossa peça e, em alguns dos casos, o mais verosímil é que não pertençam de facto. O fr. 853 N, por exemplo, é atribuído a *Antíope* por Trincavelli e o fr. 854 N, citado por Estobeu como provindo de *Héracles*, acaba por ser entendido como pertencente a *Os Heraclidas* por uma mera conjectura de Nauck. Por outro lado, não tem lugar no nosso drama a repetida ideia contida nos fragmentos de que os pais devem ser honrados.

Quanto à excepcional brevidade da peça em causa, argumento geralmente utilizado pelos adeptos da teoria da mutilação, comenta o estudioso: "afinal, alguma tem de ser a mais curta". Ainda a este propósito, alega o seguinte: "Cada elemento é comparativamente breve, numa proporção harmoniosa. Em consequência, o drama, no seu todo, é breve. Em *As Fenícias*, numa proporção análoga, cada elemento é longo e, portanto, o drama, no seu todo, é longo"[23].

A célebre suspeita de uma lacuna depois do v. 629, onde teríamos a narração do sacrifício de Macária, é igualmente rebatida por Zuntz. Entende o helenista que a presença do relato da batalha contra Euristeu[24] contradiz a hipótese de uma anterior narrativa da morte da filha de Héracles, já que a *Ifigénia entre os Tauros* e a *Helena* terão sido as primeiras tragédias de Eurípides a incluírem dois discursos de mensageiro. Por outro lado, a própria construção do episódio de Macária não parece permitir que se lhe siga um tal

[22] ZUNTZ (1947: 46).
[23] ZUNTZ (1947: 50).
[24] Feito pelo Mensageiro nos vv. 799-866.

relato. É que as palavras da donzela antecipam, desde logo, os vários motivos a que a hipotética narrativa poderia aludir[25]. Nada fica pois por contar, excepto, como é óbvio, o trespasse efectivo da jovem, pormenor que, segundo o estudioso, vai aparecer mencionado nos vv. 819-823[26].

Zuntz reage ainda contra a suposta mutilação do texto antes do v. 1053[27]. Entre outros argumentos, afirma o especialista que "o final de *Os Heraclidas* tem uma estrutura semelhante ao de *Electra* de Sófocles"[28].

Como já pudemos verificar, à pergunta "Será *Os Heraclidas* uma obra mutilada?" Zuntz responde com um *não* convicto. O estudioso admite que o texto de *Os Heraclidas* que possuímos contém vários erros de transcrição e diversas interpolações. Dá até exemplos de algumas dessas corrupções pontuais[29]. Contudo, na sua opinião, não se justifica falarmos de 'mutilação', uma vez que os problemas que a peça apresenta são análogos aos que encontramos nas outras obras de Eurípides. Com efeito, não devemos esquecer que "mutilação e interpolação de actores são questões completamente diferentes"[30]. E, no seguimento deste raciocínio, a conclusão final de Zuntz só podia ser uma: "o manuscrito *Laurentianus* dá-nos o texto genuíno de *Os Heraclidas*"[31].

O problema da transmissão de *Os Heraclidas* está longe de ser linear – esta é uma realidade inegável. Não queríamos, contudo, terminar sem antes adiantarmos, em breves palavras, as ilações

---

[25] São eles, na opinião de ZUNTZ (1947: 51): "a ênfase colocada no carácter voluntário do sacrifício, a preocupação da vítima com a sua honra, a reverência que lhe era devida depois da imolação".

[26] É de salientar que Wilamowitz tinha eliminado estes versos por não se ajustarem à sua teoria.

[27] Recentemente, vários estudiosos voltaram a inclinar-se para a probabilidade de uma lacuna neste ponto do texto. *Vide* LESKY (1977: 238), BURIAN (1977: 19, n. 49) e WILKINS (1993: xxx).

[28] ZUNTZ (1947: 51).

[29] Nos vv. 2, 1047 e 1050.

[30] ZUNTZ (1947: 50).

[31] ZUNTZ (1947: 52). Palavras semelhantes, ainda que menos categóricas, haviam sido proferidas, uns anos antes, por MÉRIDIER (1925: 193): "Não julgamos impossível considerar o drama *Os Heraclidas*, tal e qual chegou até nós, como a obra de Eurípides".

que, a este respeito, se nos afiguram mais sensatas. Concordamos com Zuntz quando afirma que a argumentação utilizada pelos adeptos da teoria da mutilação da tragédia não resulta convincente: a pouca extensão da peça não é, de facto, uma objecção válida; os próprios fragmentos geralmente atribuídos a *Os Heraclidas* não são um elemento seguro em abono daquela teoria, já que a verdade é que não temos garantias de que pertencessem ao nosso drama; e todos os outros argumentos a favor da corrupção da peça não passam de meras conjecturas, ainda que formuladas por helenistas como Kirchhoff e Wilamowitz. Como poderia este último estudioso provar a reelaboração tardia dos vv. 630-660? E com que legitimidade terá tentado reconstruir o episódio que considerou ter desaparecido depois do v. 629?

Em nossa opinião, Zuntz conseguiu, de um modo geral, rebater a tese de mutilação de *Os Heraclidas* de forma persuasiva. Pontualmente, no entanto, discordamos da sua argumentação, muito em particular quando o estudioso sustenta, de modo peremptório, que o v. 822 contém uma referência à consumação da morte de Macária. É que, ainda que o texto esteja correcto[32], não nos parece óbvia a ligação dos mencionados sacrifícios 'humanos' com o trespasse da filha de Héracles[33]. Por outro lado, contrariamente ao helenista, afigura-se-nos bastante provável a falta de algumas linhas na última intervenção de Alcmena, após o v. 1052, esclarecedoras do sentido dúbio das palavras finais do Coro[34].

Depois de tudo o que foi referido, o mais razoável será concluirmos o seguinte: o texto de *Os Heraclidas* é, sem dúvida, em alguns pontos, insatisfatório; no entanto, porque devemos evitar posições extremistas, inclinamo-nos para uma probabilidade relativa que parece indicar que a peça em causa, tal como chegou até nós, é essencialmente o trabalho de Eurípides[35].

---

[32] Cf. *infra*, pp. 159-160, n. 103.

[33] *Vide*, neste sentido, as argutas palavras de GRUBE (1941: 170-171, n. 1).

[34] Vv. 1054-1055. Cf. *infra*, p. 162, n. 130.

[35] É esta a opinião de vários helenistas. *Vide* GRUBE (1941: 173-174), GARZYA (1956: 17) e AVERY (1971: 539).

3. O MITO

Dizia, no século IV a. C., o cómico Antífanes: "Sorte tem em tudo a tragédia: é um poema em que o argumento é conhecido dos espectadores, mesmo antes de alguém falar. De modo que basta o autor fazer uma alusão. Que eu diga apenas «Édipo», e já sabem tudo o mais: que o pai era Laio, a mãe Jocasta, quem eram as filhas, os filhos, o que é que ele sofreu, o que fez"[1]. Qualquer entendido em tragédia clássica facilmente reconhece que estas palavras não contêm uma verdade absoluta. É certo que as histórias tradicionais funcionavam como esqueleto das obras dramáticas; contudo o tragediógrafo não se limitava a seguir os dados do mito, já sobejamente vulgarizados, e acabava por deixar marcas pessoais em cada peça que compunha, ou não fosse ele mesmo um *poietes*. A esse respeito, ouçamos Maria Helena da Rocha Pereira: "uma observação cuidada do pouco que nos resta de uma imensa produção dramática (...) mostra que os mitos eram, de facto, conhecidos, e não podiam ser alterados nos seus dados essenciais, mas permitiam, mesmo assim, uma larga margem de invenção"[2].

Quando estudamos um drama antigo, é comum termos em consideração os aspectos em que o poeta seguiu a tradição literária e as inovações que introduziu. Também agora, a propósito de *Os Heraclidas* de Eurípides, seria conveniente diferençarmos, com rigor, os factos que o autor extraiu da matéria tradicional, as adaptações que fez e as novidades que apresentou. No entanto, como teremos ocasião de verificar no seguimento deste estudo, encontramo-nos numa esfera em que dificilmente passaremos de

[1] Apresentamos a tradução de ROCHA PEREIRA, M. H. (1995: 411).
[2] ROCHA PEREIRA, M. H. (1991: 8).

hipóteses, já que são muito escassos os vestígios literários da história dos Heraclidas anteriores à nossa obra.

Eurípides desenvolve o mito do infortúnio dos filhos de Héracles depois da morte do herói. Perseguidos pelo ódio de Euristeu, rei de Argos, os Heraclidas vagueiam de terra em terra, como fugitivos, acabando por conseguir protecção junto de Atenas, que os aceita como suplicantes e os defende no campo de batalha. Quais serão pois os antecedentes desta lenda?

Estranha aos Poemas Épicos, é costume pensar-se que a história que envolve os filhos de Héracles tem em Ésquilo o seu primeiro grande ponto de referência, já que este dramaturgo, tal como Eurípides, fizera representar uma tragédia denominada *Os Heraclidas*. Infelizmente esta obra não chegou até nós, e os raros fragmentos a que temos acesso não nos permitem reconstituir o seu enredo. Ainda assim, muitos são os helenistas que se têm preocupado em fazer conjecturas sobre o assunto da peça desconhecida.

Tendo por base a coincidência de títulos, acreditou a tradição que o drama de Ésquilo abordara o mesmo tema da tragédia homónima de Eurípides[3]. Nomes sonantes como Mette[4] e Webster[5] continuam fiéis a esta teoria. Outros[6], todavia, põem em causa a interpretação tradicional e sugerem que *Os Heraclidas* de Ésquilo teria retratado a morte de Héracles e, nesse sentido, seria uma obra próxima de *As Traquínias* de Sófocles. Podemos considerar qualquer uma destas duas hipóteses, sem nunca, porém, nos esquecermos que nos movimentamos num campo em que a dúvida é uma constante. A verdade é que os textos que estão na base destas suposições são tão fragmentários que cada estudioso consegue adaptá-los à ideia que faz da peça de Ésquilo. E, além disso, quem poderá assegurar que todos esses fragmentos pertencem, de facto, ao drama esquiliano?

---

[3] Recordemos, no entanto, o pertinente comentário de AÉLION (1983, vol. 1: 169): "A semelhança dos títulos não prova nada: basta pensarmos em *As Suplicantes* dos dois autores, que versam sobre assuntos completamente diferentes".

[4] METTE (1963: 149-151).

[5] WEBSTER (1967: 102-103).

[6] É o caso de Zielinski e seus seguidores. Esta problemática foi bem resumida por AÉLION (1983, vol. 1: 169-171).

Porque *Os Heraclidas* de Ésquilo não passa de uma incógnita, teremos de procurar referências à história dos filhos de Héracles em textos de outros autores. Na realidade, não é necessário conhecermos o assunto tratado pelo primeiro tragediógrafo para acreditarmos que as grandes linhas do mito já estavam fixadas quando Eurípides escreveu a sua peça.

Ausente na Poesia Épica, como já referimos, a lenda dos Heraclidas parece assentar numa primitiva tradição de origem beócia[7]. Iolau, uma das personagens principais da tragédia de Eurípides, era muito estimado em Tebas. Testemunho da sua veneração na Beócia, por altura do século V a. C., é o v. 867 de *Os Acarnenses,* onde Aristófanes faz um camponês tebano jurar por Iolau. A própria sorte de Euristeu, ao que tudo indica, é um dado recebido da versão tebana do mito, já que, de acordo com Píndaro[8], o soberano argivo é morto em Tebas, às mãos de Iolau.

Da Beócia, a história depressa se espalhou pela Ática, onde vai conhecer numerosas variantes. Segundo Hecateu de Mileto[9], o primeiro destino importante dos Heraclidas terá sido Tráquis, cujo rei, ameaçado pelos Argivos, se recusa a ajudar os suplicantes. A mesma versão aparece mais tarde em Apolodoro[10], Diodoro[11] e Pausânias[12]. De acordo com um extracto de Ferecides de Atenas[13], os filhos de Héracles ter-se-ão depois refugiado na Tetrápole, junto de Demofonte. Segundo Diodoro[14], a acção situa-se na Tetrápole mas o rei é Teseu. Autores como Apolodoro[15] e Pausânias[16] referem que os Heraclidas terão encontrado asilo na própria Atenas.

A acreditarmos em Heródoto[17], já no ano de 479 os Atenienses haviam evocado a ajuda concedida pela sua cidade aos descendentes de Héracles quando, antes da batalha de Plateias,

---

[7] *Vide* MÉRIDIER (1925: 179).
[8] *P.* 9.79-82.
[9] Citado por LONGINUS, 27.2 (= F 30 *FgrH* Jacoby).
[10] 2.8.1.
[11] 4.57.
[12] 1.32.6.
[13] Citado por ANTONINUS LIBERALIS, 33.1 (= F 84 *FgrH* Jacoby).
[14] Cf. *supra,* n. 11.
[15] Cf. *supra,* n. 10.
[16] Cf. *supra,* n. 12.
[17] 9.25-28.

disputavam com os Tegeatas o comando de uma das alas do exército grego. É, assim, mais do que evidente que a recepção dos Heraclidas constituía, pelo menos desde inícios do século V a. C., um dado comum na tradição ateniense, que reivindicava para a sua cidade a honra de ter sido a única a acolher tais suplicantes. Em finais do século V e ao longo de todo o século IV, este motivo passou mesmo a ser um dos favoritos dos oradores que faziam o elogio de Atenas[18].

Pelo que acabámos de expor, concluímos sem dificuldade que os traços gerais de *Os Heraclidas* provêm de uma tradição já bastante divulgada na altura[19], e não podem, de modo nenhum, ser entendidos como inovações de Eurípides. Existem, contudo, na peça, alguns pormenores normalmente apontados pela crítica como sendo da responsabilidade do poeta. São estes aspectos particulares que julgamos merecerem uma abordagem mais detalhada, no sentido de verificarmos até que ponto cada um deles poderá, de facto, ser invenção do tragediógrafo. Referimo-nos ao sacrifício de Macária, ao rejuvenescimento miraculoso de Iolau e às circunstâncias da morte de Euristeu.

No drama euripidiano, a filha de Héracles é uma figura anónima. O nome 'Macária' surge apenas na lista das personagens e no argumento da peça[20]. Nas versões do mito dos Heraclidas que apresentam, Ferecides, Apolodoro e Diodoro ignoram o nome de Macária, assim como o seu sacrifício. Do mesmo modo todos os oradores atenienses que contam a história dos filhos do herói. Esta repetida ausência de qualquer alusão a Macária favorece a teoria daqueles que afirmam que o episódio do sacrifício da donzela foi pura criação do dramaturgo. Todavia, a questão não é tão linear como pode parecer num primeiro momento.

Ao descrever o santuário de Héracles em Atenas, Pausânias[21] refere os altares erigidos ao próprio Héracles e a Hebe, a Iolau e a Alcmena, mas não menciona Macária. Contudo, na passagem em

[18] *Vide* **Lys.** 2. 11; **Isoc.** 4. 56, 58, 59-60; 5. 34; 6. 42; 12. 194; **D.** 18. 186; 60. 8.

[19] Também Eurípides se refere a Tráquis (v. 193). Na sua versão da história, os filhos de Héracles encontram refúgio na Tetrápole, junto do rei Demofonte.

[20] Que é provavelmente da Época Helenística, embora alguns especialistas o datem do século I ou II d.C.. Esta problemática foi bem resumida por WILKINS (1993: 45).

[21] 1.19.3.

que narra a história dos filhos de Héracles[22], Pausânias introduz a figura da donzela, declarando que uma fonte de Maratona recebera o nome de Macária em homenagem à sua morte. Embora se aproxime bastante da peça euripidiana, este relato não pode ter tido em *Os Heraclidas* o seu único fundamento; basta pensarmos que, em Pausânias, os filhos de Héracles são auxiliados por Teseu e que Macária morre pelas suas próprias mãos, não é sacrificada. Conjectura Pearson[23] que o historiador terá ido colher alguns dados a uma qualquer lenda local relacionada com a fonte Macária. Também Estrabão[24] fala de uma fonte Macária, existente em Tricorinto, perto do local onde diz ter sido enterrada a cabeça de Euristeu depois de truncada por Iolau. Não estabelece, porém, nenhuma ligação entre o nome dessa fonte e a filha de Héracles.

Wilamowitz[25], seguido depois por vários outros helenistas[26], baseia-se no testemunho de Estrabão para provar a não credibilidade do texto de Pausânias. Argumenta o estudioso que o autor não pode ter conhecido directamente a fonte Macária, uma vez que a situa, de forma incorrecta, em Maratona. Na opinião de Wilamowitz, a donzela sacrificada em *Os Heraclidas* e a ninfa que deu o nome à tal fonte eram, no tempo de Eurípides, entidades completamente distintas. Por motivos dramáticos, o poeta teria criado uma heroína anónima; e só bastante mais tarde, um qualquer mitógrafo conhecedor da existência da fonte Macária viria a transferir o seu nome para a personagem euripidiana.

Contrariamente a Wilamowitz, Weil[27] entende que a figura da heroína não é invenção de Eurípides e que o próprio texto de *Os Heraclidas* deixa vislumbrar uma versão anterior onde apareceria Macária. Nos vv. 544-545, Iolau propõe uma tiragem à sorte entre todas as filhas de Héracles. Macária opõe-se, insistindo no carácter voluntário da sua morte. Weil considera que a tiragem à sorte devia estar presente na primitiva variante da história e que a inovação de Eurípides teria consistido apenas em tornar o sacrifício da rapariga num acto voluntário.

---

[22] Cf. *supra*, n. 12.

[23] PEARSON (1907: xix).

[24] 8.6.19.

[25] WILAMOWITZ-MOELLENDORFF (1882, reimpr. 1971: 62-63).

[26] *Vide*, a título de exemplo, MÉRIDIER (1925: 184).

[27] WEIL (1908: 123).

Também Zuntz[28] se afasta da teoria de Wilamowitz. É que lhe parece mais verosímil que a fonte tenha recebido o nome da donzela do que a donzela o nome da fonte. Ouçamos as suas palavras: "é muito mais difícil imaginar que uma heroína anónima, inventada por Eurípides, receba mais tarde o nome de uma fonte com a qual a sua história não tem nenhuma ligação. Neste caso, por que razão duvidar de Pausânias?"[29]. Zuntz tem pois em conta a versão de Pausânias e acredita que ela depende de *Os Heraclidas* de Ésquilo, já que considera muito possível que esta tragédia tenha feito representar o sacrifício de Macária[30]. Em todo o caso, o que importa salientar é que, na opinião deste especialista, Eurípides não inovou quanto ao episódio da filha de Héracles mas, pelo contrário, fez uso de dados já existentes, muito provavelmente na peça homónima que não chegou até nós.

Como podemos verificar, são vários os argumentos utilizados pelos estudiosos quando tentam provar a inovação ou a não inovação de Eurípides a propósito do sacrifício de Macária. No entanto, segundo nos parece, nenhum deles é suficientemente convincente, uma vez que as suas bases de apoio são sempre muito frágeis. Wilamowitz desacredita o relato de Pausânias tendo como fundamento um erro de localização que, em nosso entender, não deve ser mais do que o resultado de uma falta de rigor de expressão. A tese de Weil assenta num mero palpite decorrente da leitura que o helenista faz da tragédia de Eurípides. A argumentação de Zuntz, por seu turno, embora comece por evidenciar sensatez e comedimento, perde contudo alguma força quando utiliza como suporte os fragmentos conservados de Ésquilo.

É um facto que o assunto que nos move não permite tirar conclusões satisfatórias. Neste sentido, pensamos que o mais razoável será apontar as várias possibilidades de resolução do problema sem optar por nenhuma delas. Pois bem, a única certeza que temos é que, a seguir a Eurípides, Pausânias é o mais importante testemunho da história de Macária e que este autor

---

[28] ZUNTZ (1955: 111-113).

[29] ZUNTZ (1955: 112).

[30] ZUNTZ (1955: 112) levanta esta hipótese baseado na comparação de alguns dos supostos fragmentos de *Os Heraclidas* de Ésquilo com as falas de Macária na peça de Eurípides.

difere do tragediógrafo em alguns pontos. A partir daqui nada mais sabemos. Onde terá ido Pausânias colher esses dados divergentes? Talvez a Ésquilo; talvez a uma qualquer lenda local associada à fonte Macária. Considerando esta última hipótese, será que essa lenda existia já no tempo de Eurípides? A falta de provas concretas não nos autoriza a dar resposta segura a nenhuma destas questões, nem a muitas outras que poderíamos ainda levantar. Por conseguinte, a única ilação que devemos tirar é que é possível que o sacrifício de Macária seja invenção de Eurípides, mas também há grandes probabilidades de o não ser.

O caso do rejuvenescimento de Iolau é diferente. Na já referida *IXª Pítica* de Píndaro[31], vemos como o herói tebano havia decapitado Euristeu com um golpe de espada. Os escólios a estes versos são mais explícitos e atestam duas versões esclarecedoras do acontecimento. Diz uma delas que Iolau, depois de morto, ao saber que o rei argivo ameaçava de guerra os Atenienses por causa dos Heraclidas, pediu para voltar à vida. A sua súplica foi aceite, ele matou Euristeu e, em seguida, morreu de novo. De acordo com a segunda variante, apresentada pelo escoliasta como mais credível, o velho Iolau suplicou que lhe fosse devolvida a juventude e, após ter cumprido o seu dever, morreu imediatamente. Eurípides vai ao encontro desta última versão, pelo menos no tocante à súplica de Iolau e ao seu miraculoso rejuvenescimento[32].

Alguns estudiosos parecem ignorar a informação dos escólios e afirmam que a figura do velho revigorado pode muito bem ter sido invenção de Eurípides, na medida em que não é um dado explicitamente referido por nenhuma fonte anterior ao poeta trágico[33]. Segundo nos parece, não há razões para desvalorizarmos os elementos fornecidos pelos escólios e, nesta perspectiva, faz todo o sentido admitirmos que é bastante plausível que o remoçamento prodigioso de Iolau já existisse no recuado ciclo tebano da lenda.

A tradição ulterior a Eurípides é pouco elucidativa relativamente a esta matéria. Ovídio[34] menciona a transformação do velho mas nem sequer a associa à morte de Euristeu. Todos os

---

[31] Cf. *supra,* n. 8. É esta a mais antiga alusão à proeza de Iolau (478 a. C.).
[32] Sobre a posterior sorte de Iolau, Eurípides nada nos diz.
[33] *Vide* DEVEREUX (1971).
[34] *Met.* 9.397-401 e 430-431.

outros autores que aludem ao mito dos Heraclidas ignoram o remoçamento de Iolau.

Uma citação de Plutarco[35] tem induzido muitos helenistas a admitirem que o velho protector dos filhos de Héracles já aparecia rejuvenescido na tragédia *Os Heraclidas* de Ésquilo[36]. Embora as palavras referidas pelo moralista se enquadrem perfeitamente no contexto pretendido, não podemos todavia esquecer que nada nos garante que elas pertençam, de facto, àquela obra esquiliana e, mais uma vez, não deveremos ir além de conjecturas. Poderá o tom irónico que perpassa o final do terceiro episódio do nosso drama ter como objecto *Os Heraclidas* de Ésquilo? Não será, porventura, uma paródia a Ésquilo toda aquela cena em que Iolau, cambaleante, se dirige para o combate apoiado no servo de Hilo? E as palavras esclarecedoras do mensageiro de Eurípides quando afirma que não assistiu ao rejuvenescimento de Iolau e que vai narrar o feito segundo testemunhos alheios[37], não serão elas uma alusão ao relato apresentado pelo primeiro tragediógrafo? Muitas hipóteses podem ser levantadas, mas todas elas ficam sem resposta.

Debrucemo-nos agora sobre as circunstâncias da morte de Euristeu. Que o rei argivo morre no contexto da luta que trava contra Atenas e os Heraclidas, este é um dado comum a todas as versões conhecidas da lenda e que, como já vimos[38], parece derivar de uma primitiva tradição tebana. Contudo, no que se refere à situação precisa do trespasse do tirano, a unanimidade não é geral. Anteriores ou posteriores a Eurípides, quase todos os autores o fazem sucumbir no decurso do combate. Segundo Píndaro[39], Estrabão[40] e Pausânias[41], Euristeu perece às mãos de Iolau. Apolodoro[42] e Diodoro[43] atribuem essa façanha a Hilo. Ferecides[44] não especifica de onde parte o golpe derradeiro, mas afiança, de

---

[35] *Moralia* 1057 e-f.

[36] *Vide* WEBSTER (1967: 103) e LESKY (1983: 256).

[37] Vv. 847-848.

[38] Cf. *supra*, p. 35.

[39] Cf. *supra*, n. 8.

[40] Cf. *supra*, n. 24.

[41] 1.44.10.

[42] Cf. *supra*, n. 10.

[43] Cf. *supra*, n. 11.

[44] Cf. *supra*, n. 13.

igual modo, que o rei inimigo encontra a morte no campo de batalha. Em Eurípides, pelo contrário, Euristeu sobrevive ao combate. Conta-nos o poeta que Iolau, depois de vencer o adversário, fá-lo prisioneiro e envia-o a Alcmena. E é esta velha mulher que, contra o *nomos* de Atenas, vai condenar à morte o soberano vencido.

A crítica encara o final inesperado de *Os Heraclidas* como sendo invenção de Eurípides. De facto, o dramaturgo está praticamente isolado ao apresentar um Euristeu capturado com vida e uma Alcmena inexorável e cruel. Isócrates[45] volta a referir que o rei argivo não é morto em combate, mas não podemos esquecer que é muito natural que este orador ateniense se tenha inspirado na tragédia euripidiana. Por outro lado, Apolodoro[46] conta que, após degolar Euristeu, Hilo entrega a sua cabeça a Alcmena que, num acto selvagem, lhe arranca os olhos com as navetas que traz consigo. Este é o único passo em que conseguimos rever o carácter selvático da mãe de Héracles e, mais uma vez, é bastante provável que nos encontremos perante uma sugestão importada de Eurípides[47].

Esboçadas que estão as linhas gerais do problema, queríamos apenas acrescentar que nenhum dos fragmentos supostamente pertencentes a *Os Heraclidas* de Ésquilo parece estar relacionado com Euristeu. Desconhecemos por completo de que forma é tratada a morte do rei argivo na tragédia esquiliana. Ignoramos mesmo se esse é um dos assuntos abordados na peça. Em todo o caso, se os dois tragediógrafos tivessem apresentado de modo semelhante as circunstâncias da morte do tirano, não seria de esperar que a tradição posterior recordasse essa tal versão comum?

É quase certo que Eurípides foi o primeiro que teve a ideia de não fazer perecer o monarca no decurso do combate. E este pormenor, que para muitos[48] constitui a principal novidade da obra,

[45] Em dois passos diferentes: 4.59-60; 12.194.

[46] Cf. *supra,* n. 10.

[47] Com base no relato de Apolodoro, depreendem alguns que a vingança de Alcmena sobre Euristeu já existiria numa antiga tradição do mito que teria servido de inspiração ao próprio Eurípides. *Vide* GUERRINI (1972: 45, n. 2) e AÉLION (1983, vol. 1: 173, n. 27).

[48] *Vide,* a título de exemplo, BURNETT (1976: 22, n. 29).

vai acarretar consigo outros aspectos inovadores que tornam surpreendente a cena final de *Os Heraclidas*. É que não devia estar na expectativa da assistência presenciar um confronto directo entre Alcmena e Euristeu. E muito menos se esperava que o soberano de Argos, descrito ao longo da peça como alguém abominável e cobarde, se revelasse, afinal, um ser profundamente humano, que sabe pronunciar palavras generosas e que manifesta grande dignidade e coragem no frente a frente com a morte[49].

---

[49] Sobre o propósito dramático desta inovação de Eurípides no desfecho da peça, cf. *infra*, p. 94, n. 21.

4. ANÁLISE DA PEÇA

A tragédia *Os Heraclidas* é composta pelas partes enumeradas por Aristóteles na *Poética* 1452b[1]: prólogo, párodo, episódios, estásimos e êxodo. Os episódios e os estásimos são em número de quatro.

A peça abre com um extenso monólogo de Iolau (vv. 1-54). As primeiras palavras do velho são de âmbito geral, permitindo fixar a tonalidade do drama: o homem justo, que vem ao mundo para servir os outros, é contraposto ao indivíduo interesseiro, que constitui um fardo para a sua cidade. Iolau passa depois a resumir a triste situação em que se encontra[2]: antigo companheiro de armas de Héracles, é agora o guardião dos filhos do herói que, desde a morte do pai, se vêem perseguidos pela ira de Euristeu. Expulsos que têm sido de todas as terras, só lhes resta uma última esperança: a protecção de Atenas. Alcmena, dentro do templo de Zeus, toma conta da descendência feminina. O próprio Iolau e os meninos estão sentados nos degraus do altar divino, implorando por ajuda. Apenas Hilo e os seus irmãos mais velhos saíram à procura de um novo refúgio, para o caso de serem também repelidos de Atenas. Esta incerteza quanto ao futuro imediato dos Heraclidas prepara o espectador para a dramaticidade da cena que se vai seguir.

De repente, ao avistar Copreu, o tom do discurso de Iolau muda por completo. O ancião ordena às crianças que se agarrem às suas

[1] Para a tradução deste passo, *vide* ROCHA PEREIRA, M. H. (1995: 419).

[2] Desta forma, o prólogo vai cumprir a sua função: por um lado, apresentar as várias personagens da tragédia; por outro, fazer com que o espectador mergulhe, de forma repentina, no âmago da história dramática.

vestes e lança imprecações contra a «odiosa criatura» que se aproxima (vv. 48-54). Inicia-se assim a segunda parte do prólogo[3], onde os fugitivos estão cara a cara com o indivíduo que os persegue. Este momento de grande tensão emocional resulta numa série de insultos e ameaças que acabam por desembocar em violência física: o arauto, cumprindo as ordens do rei argivo, tenta arrancar à força os suplicantes do altar; Iolau oferece-lhe resistência e acaba por ser atirado ao chão. A cena é breve mas antecipa, desde logo, alguns tópicos que vão aparecer desenvolvidos mais adiante na peça: por um lado, a arrogância e a brutalidade de Copreu; por outro, a invulgar firmeza de espírito revelada pelo velho protector dos Heraclidas, apesar da debilidade física própria da idade.

Prostrado por terra, Iolau clama por auxílio. E é o Coro, formado por um grupo de anciãos de Maratona, que vai entrar em cena, atraído pelos seus gritos (v. 73). Segue-se imediatamente o párodo, onde o Coro, procurando inteirar-se da situação, começa por enlaçar um diálogo com o velho derrubado. Dirige-se depois a Copreu, repreendendo-o pela sua falta de respeito pelos suplicantes e sugerindo-lhe que exponha o assunto ao rei de Atenas. Como notou Garzya[4], este párodo tem uma justificação estrutural: introduz a figura do Coro e prepara a entrada de Demofonte no primeiro episódio. Não oferecendo tópicos novos, esta breve cena de diálogo tem, no entanto, o mérito de acentuar a importância dos princípios éticos sustentados no prólogo.

Com a chegada de Demofonte, que vem acompanhado do seu irmão Acamante, o drama ganha um novo fôlego, talvez motivado pelo reacender da nota de incerteza quanto ao futuro dos suplicantes: a vida dos Heraclidas e dos seus tutores está agora nas mãos do rei ateniense. Posto ao corrente da situação, Demofonte começa por exprimir a sua surpresa pelo facto de Copreu, sendo Grego, ter ousado cometer uma acção tão impiedosa como a que tem diante dos seus olhos. Assumindo-se prontamente

---

[3] Aristóteles, no já referido passo da sua *Poética,* define prólogo como tudo o que está antes da entrada do Coro. Portanto, em *Os Heraclidas,* ele é constituído pelo monólogo inicial de Iolau e pelo diálogo entre o ancião e o arauto de Euristeu. Estamos assim perante um prólogo bipartido, à semelhança do que acontece em peças como *Alceste, Íon* e *Orestes.*

[4] GARZYA (1956: 18-19).

como mediador do dissídio, o rei concede a palavra ao arauto. Tem então início a primeira das duas *rheseis*[5] que sustentam a longa cena de *agon*[6] da peça.

Depois de uma rápida apresentação, Copreu vai empenhar-se em acentuar a legitimidade da sua causa, declarando que os suplicantes argivos foram condenados à morte pelas leis de Argos e que a cidade tem todo o direito de julgar os seus habitantes. Consciente, todavia, da fragilidade deste raciocínio, o arauto depressa o abandona, optando por desenvolver um argumento mais sólido – a conveniência da própria Atenas em entregar os suplicantes. É evidente, a partir deste momento, um tom de ameaça nas suas palavras. Assegura ele que conquistar um aliado tão possante como Euristeu é, sem dúvida, mais vantajoso do que entrar numa guerra injustificável com Argos, e que muitas outras cidades, porque não ousaram atrair o infortúnio sobre si mesmas, já haviam recusado dar abrigo aos filhos de Héracles.

No seguimento do discurso, mais propriamente nos vv. 162--168, é levantada uma outra questão importante: a responsabilidade pessoal de Demofonte para com o seu povo. O arauto alega que a defesa dos Heraclidas suplicantes não é um motivo razoável para que Atenas entre numa situação de guerra e que o rei deve pensar na má fama que vai ganhar junto dos cidadãos, caso se envolva em dificuldades. Quanto a uma posterior recompensa da parte dos filhos de Héracles, esperança provavelmente acalentada por Demofonte, considera-a Copreu uma hipótese bastante remota e, ao mesmo tempo, incerta. E a sua *rhesis* vai terminar com um apelo renovado ao soberano ateniense: «Não faças o que é vosso costume: escolher os piores amigos quando é possível optar pelos melhores»[7].

O proémio do discurso de Iolau (vv. 181-183) deixa bem claro que o direito à palavra concedido a ambas as partes de um litígio é uma marca característica da democracia ateniense. Fazendo uso

---

[5] Vv. 134-178 e 181-231.

[6] O primeiro episódio (vv. 120-287) é, em grande parte, ocupado por esta cena de debate. O *agon* de *Os Heraclidas* foi pormenorizadamente estudado por LLOYD (1992: 72-76).

[7] Vv. 176-178. Esta comparação entre o poder de Argos e a fragilidade dos Heraclidas esteve implícita ao longo de todo o discurso de Copreu.

desse direito, o velho guardião dos Heraclidas vai então dar resposta às alegações do adversário. Esta fala encontra-se muito bem construída e distingue-se claramente da de Copreu, não só por uma maior riqueza de conteúdos, como também pela capacidade do orador em aliar o tom patético e veemente da linguagem a uma enorme lucidez argumentativa. É com facilidade que o ancião põe por terra o falso suporte legal do arauto: «De que modo poderá ele, com justiça, levar-nos como Micénicos, a nós, que eles expulsaram do seu território? Estrangeiros é o que somos»[8]. Contra o argumento de que nenhuma outra cidade se atrevera a desafiar Argos, responde Iolau, voltando-se directamente para Copreu, que Atenas é uma cidade diferente, habitada por homens honrados e defensores da liberdade, que nunca hão-de ceder aos Argivos por medo[9].

Regra geral, depois do elogio vem a exigência. E é o que vai acontecer. Após as palavras de enaltecimento de Atenas (vv. 191--201), que funcionam como uma *captatio beneuolentiae*, o ancião vai mudar por completo o seu discurso[10], passando a evocar os deveres do rei ateniense para com os filhos de Héracles. São dois os argumentos por ele alegados: em primeiro lugar, os laços de sangue existentes entre Demofonte e os Heraclidas (vv. 205-212); em seguida, a dívida hereditária contraída por Teseu como recompensa pelos serviços prestados por Héracles e pelo próprio Iolau (vv. 213-222)[11]. No final, o velho deixa-se dominar pelos sentimentos e protagoniza uma comovente cena de súplica[12].

Apiedado, o Coro toma o partido de Iolau. Segue-se, de imediato, a decisiva intervenção do rei de Atenas (vv. 236-252). O seu discurso é um modelo de racionalidade[13], de onde está

---

[8] Vv. 187-189.

[9] Este é um dos argumentos que irá influenciar a posterior decisão de Demofonte. Cf. vv. 242-246.

[10] O próprio Iolau faz questão de vincar a mudança de assunto: «No que respeita à cidade já se falou o suficiente» (v. 202).

[11] Estes dois argumentos podem ser entendidos como uma resposta à última parte do discurso do arauto, onde ele desafiava Demofonte a pensar nas justificações que daria aos Atenienses, caso ajudasse os Heraclidas. Cf. vv. 162-174.

[12] A propósito desta cena, *vide* LESKY (1983: 258).

[13] Facto posto em evidência pelo próprio vocabulário utilizado (isto, entenda--se, se Demofonte empregou, efectivamente, a palavra σύννοια («reflexão») no v. 236). Cf. *infra*, p. 153, n. 38.

arredada qualquer emoção pessoal. Com um laconismo eficaz, Demofonte vai enumerar os factores que determinam a sua sentença a favor dos Heraclidas expatriados: em primeiro lugar, o respeito devido aos suplicantes, que uma cidade livre como Atenas não pode deixar de assegurar; depois, os vínculos de sangue e a dívida antiga para com Héracles; por fim, a ignomínia da sujeição a Argos. É interessante notar como todos estes motivos haviam sido levantados por Iolau na sua *rhesis*[14], e podemos mesmo interrogar-nos se a decisão de Demofonte seria a mesma, caso o velho tivesse ignorado algum deles. Por outro lado, não é menos relevante verificar como a questão legal, merecedora de grande destaque nos dois discursos anteriores, parece não ter pesado na resolução final do soberano.

No diálogo com Copreu que se segue, Demofonte mantém-se firme na sua posição. Ao ver defraudadas as suas pretensões, o arauto perde o autodomínio, provoca o rei e tenta agarrar os suplicantes à força. Indignado, Demofonte precipita-se para ele e é o Coro que o impede de cometer a injúria de bater num arauto. Antes de se retirar, Copreu profere ainda umas últimas palavras ameaçadoras (vv. 274-283): ele vai voltar prestes com a vigorosa armada de Euristeu que, na fronteira, espera o seu regresso. O arauto sai, perseguido pela voz ainda encolerizada de Demofonte, e assim termina a cena de debate da peça.

Afirma Lloyd que, "dos *agones* euripidianos, o de *Os Heraclidas* é o mais linear, apresentando uma forma regular e uma argumentação clara".[15] O quadro que acabámos de presenciar é, realmente, de uma transparência invulgar[16]. A verdade é que desde o início se torna evidente de que lado está o bom senso e, ainda assim, o juiz Demofonte vai ter o cuidado de ouvir os argumentos de ambas as partes e de justificar, de forma clara, a

---

[14] O respeito para com os suplicantes, considerado por Demofonte como o factor mais importante, fora apenas levemente mencionado por Iolau. Cf. vv. 196, 221 e 224.

[15] LLOYD (1992: 72).

[16] À medida que a peça avança, esta clareza inicial vai perdendo, gradualmente, a limpidez: primeiro, com o episódio de Macária e a necessidade de um sacrifício humano; e depois, com o complexo episódio final de Euristeu e Alcmena.

sua decisão. No que respeita à estrutura, este *agon* é, sem dúvida, absolutamente harmonioso: surge no início do primeiro episódio, expondo as questões essenciais da peça; as duas *rheseis* têm uma extensão semelhante e o discurso final do soberano é seguido de uma *stichomythia*[17] perfeitamente normal. E não podemos esquecer que o equilíbrio e a regularidade desta cena de debate são aspectos significativos por si mesmos, na medida em que põem em evidência a imparcialidade e a rectidão da justiça ateniense.

Após a partida de Copreu, um breve canto coral anapéstico (vv. 288-296) alerta para a necessidade de se tomarem providências contra o ataque iminente da armada argiva. Motivo secundário nesta intervenção do Coro é o da tendência natural dos arautos para ampliarem os acontecimentos que relatam.

Iolau profere então uma longa *rhesis* de agradecimento ao rei de Atenas (vv. 297-328). Depois de algumas palavras iniciais sobre as vantagens da nobreza de nascimento[18], o ancião aconselha os filhos de Héracles a serem sempre reconhecidos aos seus salvadores e a nunca levantarem armas contra aquele solo. O discurso vai terminar com pródigos elogios directos a Demofonte (vv. 320-328).

Após quatro versos do Coro que reiteram a apologia de Atenas, é a vez de o soberano dar resposta às palavras de Iolau. Começando por exteriorizar a sua confiança na gratidão dos Heraclidas, o rei passa a expor as suas determinações mais imediatas[19]: ordenar as tropas, enviar espias na direcção dos Argivos, consultar os adivinhos e oferecer sacrifícios. Antes de se retirar, Demofonte convida os suplicantes a abandonarem o altar e a recolherem-se no palácio[20]. Esta breve fala do chefe ateniense (vv. 333-343) é

[17] *Stichomythia* é o nome dado pelos Gregos ao diálogo verso a verso.

[18] Concordamos com o seguinte comentário de GRUBE (1941: 168): "O início do discurso de Iolau é pobre, forçado e pouco relevante. As suas reflexões sobre as vantagens da nobreza de nascimento têm como objectivo ajudar a garantir o apoio de Demofonte, mas parece pouco importante acentuar aqui esta questão em vez de realçar a grandeza de carácter do rei".

[19] São aqui implicitamente retomadas as palavras do Coro nos anapestos já mencionados.

[20] Cf. *infra*, p. 153, n. 50.

uma pedra importante para o desenvolvimento da acção dramática, uma vez que, ao mencionar os sacrifícios que se irão realizar, propicia a transição para a cena de Macária.

A sorte dos suplicantes, que pouco antes estava nas mãos do soberano da hospitaleira Atenas, depende agora da resposta de um oráculo. Regressa de novo ao drama a nota de incerteza e de expectativa angustiante que se tinha diluído depois do acolhimento dos filhos de Héracles por Demofonte. Iolau pressente-o e recusa-se a abandonar o altar[21], alegando que prefere ficar a implorar pela vitória da cidade (vv. 344-345). O rei sai acompanhado do seu irmão Acamante, e assim termina o primeiro episódio.

O estásimo primeiro (vv. 353-380), constituído por uma só tríade, preenche o espaço de tempo compreendido entre a saída do soberano e o seu regresso. Dirigindo-se ao arauto[22], o Coro censura duramente o seu comportamento e adverte-o para o facto de Atenas não se acobardar com a sua conversa. O tom é agora de confiança na força guerreira da cidade de Demofonte que, embora adepta da paz, não deixará de interceder a favor dos suplicantes. Recuperando vários motivos já anteriormente tratados na peça, esta intervenção do Coro põe em destaque as qualidades de Atenas – cidade generosa e pacífica – por oposição às imperfeições morais de Argos – cidade presunçosa e amante da guerra. O acento patriótico é, sem dúvida, evidente ao longo deste trecho lírico cuja finalidade prática não é mais do que o anúncio efectivo do grande combate.

O segundo episódio (vv. 381-607) é assinalado pelo regresso de Demofonte, que entra cabisbaixo, absorto nos seus pensamentos. Todas as atenções se voltam de novo para o principal motivo de interesse da tragédia – o destino contingente dos

---

[21] GRUBE (1941: 168) vê nesta atitude do ancião uma habilidade do poeta no sentido de evitar uma incómoda mudança de cena.

[22] É curioso notar que a personagem aqui apostrofada está ausente. ZUNTZ (1955: 40, n. 4) dá exemplos de outros casos em que esta mesma situação se repete.

Heraclidas. A sensação de expectativa vai contudo estender-se por mais vinte e cinco versos, altura em que o soberano dará a conhecer o resultado dos oráculos.

Iolau é o primeiro a manifestar-se, e a sua grande ansiedade é expressa numa série de perguntas impacientes que dirige ao rei de Atenas (vv. 381-383). A resposta, que não se faz esperar, é habilmente conduzida com vista a poupar ao ancião um choque demasiado forte. Demofonte confirma a proximidade do exército argivo, ao mesmo tempo que assegura que todas as providências já foram tomadas: a armada ateniense está a postos e as vítimas estão prontas para a imolação. Não podendo delongar as más notícias por mais tempo, o rei vai então resumir em duas linhas (vv. 408-409) a terrível prescrição dos oráculos: para que a cidade seja salva, uma virgem nascida de nobre linhagem tem de ser sacrificada à Filha de Deméter.

Depois de proferidas as palavras fatais, o tom de Demofonte muda por completo. Até então solene e apagado, o seu discurso vai tornar-se expressivo e pungente, reflexo da angústia e da perplexidade que lhe povoam a alma. Embora consciente da sua dívida para com os suplicantes, o soberano acaba por ceder ao horror da exigência dos oráculos e recusa-se terminantemente a sacrificar qualquer jovem ateniense, alegando que a cidade se encontra dividida em duas facções e que um tal acto provocaria uma guerra civil. Sem saber o que fazer, vai então incitar Iolau a descobrir, ele mesmo, uma via de salvação para si, para os seus e para aquela terra.

A reacção do velho protector dos Heraclidas não tarda. Após um breve comentário desesperado do Coro, Iolau profere uma longa *rhesis* (vv. 427-460), dirigida ora às crianças ora a Demofonte, que não é mais do que o resultado de um tumulto de sentimentos: desilusão, angústia, mas também coragem e energia de espírito. O ancião aceita a inversão dos acontecimentos com grande dignidade, ilibando o rei ateniense de quaisquer responsabilidades e reafirmando a sua gratidão para com ele. Palavras de censura dirige-as à esperança enganosa, que o levou a acreditar que a salvação era possível. Mas o seu desespero é ainda mais evidente no retrato que faz das sucessivas fugas dos Heraclidas, agora cada vez mais limitadas no espaço (vv. 439-442). De repente, num acto de renovada esperança, Iolau pede ao soberano que o entregue, a si mesmo, a Euristeu. É esta a melhor solução que naquele momento consegue vislumbrar[23]! Demofonte refuta a proposta do ancião de forma delicada e bastante racional: não é um homem de idade avançada que interessa ao rei argivo, mas sim os descendentes de Héracles, que mais tarde poderão constituir uma grave ameaça para Argos. É assim, perante um obstáculo que parece intransponível, que termina a primeira parte deste episódio.

A segunda parte (vv. 474-607) vai ser dominada pela figura de Macária. A sua entrada repentina em cena foi desde cedo rotulada pela crítica como inteiramente inesperada e debilmente motivada. Concordamos, porém, com Garzya[24], quando este alega que a intervenção da jovem é, de facto, um pouco brusca, mas não afronta as expectativas criadas pelos acontecimentos anteriores e, para além do mais, está em conformidade com os outros inícios de cena, que trazem sempre novidade.

São os gemidos de Iolau que impelem a jovem filha de Héracles a sair do templo onde, desde o início da peça, estava abrigada com as irmãs e Alcmena[25]. Com o recatado pudor que é característico das donzelas euripidianas quando se dirigem a alguém do sexo masculino, Macária procura inteirar-se dos novos acontecimentos. Em poucas palavras, o velho informa-a da resposta dos oráculos e da decisão de Demofonte em dar prioridade à salvação de Atenas. Consciente do impasse em que se encontram, a jovem replica de forma imediata, numa extensa *rhesis* (vv. 500--534) onde não há lugar para hesitações nem para a exteriorização de sentimentos mais íntimos. A sua resolução está tomada – ela vai entregar-se voluntariamente para o sacrifício[26]. E é com sóbrio racionalismo e fazendo uso de um enorme poder argumentativo

[23] Por estranho que pareça, esta oferta de Iolau tem sido duramente ridicularizada pela crítica. Veja-se, a propósito, o lúcido comentário de GRUBE (1941: 169): "Embora inútil, esta proposta de Iolau é humana, delicada e sincera, abrindo caminho para o auto-sacrifício de Macária, esse sim, eficaz. Em todo o caso, não é mais ridícula do que a sugestão de Hécuba em circunstâncias idênticas (*Hécuba*, 386)".

[24] GARZYA (1956: 23-24).

[25] Cf. vv. 41-43.

[26] O longo discurso de Demofonte (vv. 389-424), insistindo na importância do sacrifício de uma virgem para a salvação da cidade de Atenas, havia desde logo preparado os espíritos para a aceitação deste acto de Macária.

que Macária justifica este seu acto de invulgar abnegação: se os Atenienses se mostraram dispostos a correr grandes perigos para os ajudarem, o mais natural é que ela agora abdique da sua vida pela mesma causa. Até porque está bem ciente das responsabilidades morais advindas da sua nobreza de nascimento[27] e não quer ser posteriormente acusada de cobardia. Por outro lado, caso continuasse com vida, não a esperava, com toda a certeza, um destino feliz: ou havia de cair nas mãos dos inimigos e conhecer uma morte infamante, ou havia de ser expulsa de Atenas e andar como vagabunda, de terra em terra, sem esperança de salvação. E se os seus irmãos morressem primeiro, o mais provável era mesmo que ninguém quisesse tomar por esposa uma jovem desamparada.

Recusando-se a viver desafortunadamente, Macária opta então por uma morte gloriosa. O tom poético que envolve as suas palavras é uma constante até final do discurso[28], altura em que a jovem se diz preparada para morrer em qualquer momento e pede para ser conduzida ao local do sacrifício, realçando uma vez mais o carácter espontâneo da sua oferta.

O Coro mostra-se estupefacto com uma tão nobre atitude (vv. 535-538). Também assim Iolau, que não se dispensa de elogiar as palavras da jovem. O ancião vai no entanto sugerir uma forma mais justa de ultrapassar a presente dificuldade: a vítima deve ser escolhida ao acaso entre todas as filhas de Héracles (vv. 544-545). Com a mesma firmeza de espírito a que já nos habituara, Macária responde que o sacrifício é uma escolha sua e que não encontra nenhum mérito em morrer por determinação da sorte (vv. 547-551). Iolau não tem mais objecções a fazer, mas quando a jovem exprime o desejo de exalar a vida nos seus braços, ele alega não ter forças para assistir à morte de um ente tão próximo. Com um decoro próprio de donzela, Macária vai então rogar que lhe seja permitido expirar em mãos femininas (vv. 565-566).

---

[27] O parentesco existente entre Macária e o ilustre Héracles é o tópico mais realçado ao longo de toda esta cena. Cf. vv. 484-485; 509-510; 513; 540-541 e 563.

[28] A propósito do tom poético do discurso de Macária, *vide* GARZYA (1956: 24).

Só agora voltamos a ouvir Demofonte, que intervém para expressar a sua admiração pela coragem da filha de Héracles e para lhe dar garantias de que terá as honras que merece. Este longo silêncio do rei ateniense (vv. 474-566) parece ter uma justificação óbvia – ele aguardava o momento mais conveniente para reagir. Na verdade, o soberano não podia desmentir as afirmações proferidas por Iolau a seu respeito nos vv. 494-497. E o que haveria de dizer após o primeiro discurso de Macária? Era, de facto, demasiado cedo para aceitar o seu sacrifício, uma vez que ele mesmo se tinha recusado a exigir semelhante acto aos seus súbditos. Só agora é oportuno falar, quando já tudo está decidido e nenhuma culpa lhe pode ser imputada pelo sangue derramado.

Macária vai então proferir um comovente discurso de despedida (vv. 574-596). É com fervor que se dirige primeiro a Iolau, confiando-lhe a educação dos irmãos, e depois aos próprios meninos, pedindo-lhes que respeitem sempre os seus protectores e que não se esqueçam de tributar as melhores honras fúnebres a quem por eles deu a vida. Neste ponto, o pensamento da jovem volta-se para as núpcias e para os filhos que não vai conhecer, doces sonhos virginais agora para sempre destruídos. Mas este sentimento de perda não consegue vencer a sua intrepidez de espírito, que vai permanecer inalterável até ao fim. As últimas palavras de Macária, porque pronunciadas por alguém tão jovem, atingem o auge do patético: «é este[29] o tesouro que eu conservo – se alguma coisa existe debaixo da terra, evidentemente. Pois eu espero que não exista nada! Porque se até lá em baixo, depois de mortos, tivermos preocupações, não sei para onde nos haveremos de voltar. Na verdade, a morte é considerada como o maior remédio dos males»[30].

A filha de Héracles sai com Demofonte. Iolau, desalentado, pede às crianças que o apoiem sobre o altar e lhe cubram a cabeça com um manto (vv. 603-604). As palavras finais do ancião oscilam entre a mágoa sentida perante os factos recentes e a consciência de que os danos seriam ainda maiores caso o oráculo ficasse por cumprir.

---

[29] O sacrifício voluntário da sua vida.

[30] Vv. 591-596. Cf. *infra*, p. 156, n. 72.

Terminada a cena de Macária, mantém-se no ar a dúvida relativa ao futuro dos Heraclidas. Uma secreta convicção acalenta porém os espíritos: o sangue da jovem donzela não será em vão derramado e a bem-aventurança dos descendentes de Héracles não há-de tardar!

Constituído por um único par de estrofes, o estásimo que se segue (vv. 608-629) reflecte sobre os acontecimentos que acabaram de ter lugar. Num tom pacificador mas veemente, o Coro começa por abordar o tema genérico da instabilidade da fortuna – o destino dos homens é contingente porque é regulado pela vontade dos deuses. As atenções vão voltar-se depois para a situação particular de Macária. Numa tentativa de encorajar Iolau, o Coro alude à fama gloriosa que a morte trará à jovem filha de Héracles, sustentando que a verdadeira nobreza caminha por entre as adversidades[31].

Após esta intervenção coral, Macária não volta a ser mencionada. Já vimos como este facto levou muitos estudiosos a suspeitarem da existência de uma lacuna depois do v. 629, onde teria lugar o relato da sua morte[32]. Outros ainda, mais radicais, optam mesmo pela excisão dos vv. 474-629, que não consideram originais do poeta[33]. Convém, no entanto, realçar que o estranho silêncio que envolve o sacrifício da jovem não é caso único em Eurípides. Vários são, de facto, os 'episódios' que pecam por falta de ligação com o resto da peça em que se inserem. A título de exemplo, ouçamos as palavras de Grube: "O mesmo (...) acontece em relação a Evadne, em *As Suplicantes*, e a Meneceu, em *As Fenícias*"[34].

Distante já da ambiência dramática e sufocante do episódio anterior, o breve episódio terceiro (vv. 630-747) é descompressivo e bem-disposto[35]. Chega um servo que pergunta onde estão Iolau e Alcmena. Ainda prostrado no chão, o velho afirma não ter forças para se endireitar[36]. Quando sabe, todavia, que o *penestes* vem da

[31] ZUNTZ (1955: 44-47) confronta este segundo estásimo com os versos 165-172 de Teógnis.

[32] Cf. *supra*, pp. 26-27.

[33] *Vide* McLEAN (1934: 207).

[34] GRUBE (1941: 171).

[35] O próprio arranjo do texto em *stichomythia* contribui para este facto.

[36] A ênfase colocada na debilidade física de Iolau torna ainda mais surpreendente a sua posterior decisão de entrar na luta (v. 680).

parte de Hilo[37] e que é portador de boas notícias, imediatamente se reanima e grita pela mãe de Héracles, para que também ela as venha escutar. Alcmena entende o chamamento de Iolau como um pedido de socorro e sai do templo assustada. Confundindo o Servo com um arauto argivo, dirige-lhe palavras hostis e ameaçadoras, ao mesmo tempo que tenta proteger os meninos (vv. 646-653).

O aparecimento de Alcmena neste ponto do texto tem sido um facto muito notado pela crítica. É que não deixa de ser surpreendente que Iolau, que durante todo o importante episódio de Macária ignorou a velha mãe de Héracles, de repente se decida a chamá-la. A tendência geral, para a qual também nós nos inclinamos, é considerar que o poeta sentiu necessidade de preparar os ânimos dos espectadores para a Alcmena corajosa e violenta da cena final[38].

Ao ter conhecimento de que está perante o servo de Hilo, a anciã saúda-o alegremente e procura obter informações do neto (vv. 660-663). Sempre em resposta às perguntas que lhe são feitas, o *penestes* vai traçar o ponto da situação, sublinhando a chegada de Hilo com um largo contingente de aliados, a sua imediata fixação na ala esquerda do exército ateniense e a expectativa da luta, que está prestes a começar. É então que um curto diálogo (vv. 677-681) introduz um novo e inesperado motivo: o Servo anuncia que tem de partir para o combate e Iolau diz que vai com ele. E este desejo caricato do velho companheiro de Héracles há-de ser levado até às últimas consequências, não obstante as muitas objecções arvoradas por todos aqueles que o rodeiam.

O primeiro a insurgir-se contra a decisão de Iolau é o próprio enviado de Hilo, cujas observações escarnecedoras correm o risco de suscitar o riso da audiência[39]. Perante a firmeza de espírito do

---

[37] O filho mais velho de Héracles só tinha sido mencionado uma vez, no monólogo inicial de Iolau (v. 45), e nada fazia prever a introdução do motivo do seu regresso neste ponto. Esta é outra das 'surpresas' da peça condenadas pela crítica. *Vide*, a propósito, GRUBE (1941: 89-90).

[38] É esta a interpretação de GRUBE (1941: 171), ZUNTZ (1955: 36-37) e LESKY (1983: 260). Há, no entanto, vozes divergentes, como é o caso de BURIAN (1977: 11).

[39] Cf. vv. 684, 686 e 692.

ancião, o Servo confronta-o com uma dificuldade de ordem prática: «Mas como é que um hoplita vai aparecer sem armadura?»[40]. A solução parece, todavia, muito simples: as armas que na guerra foram capturadas aos inimigos servirão perfeitamente. A mandado de Iolau, o *penestes* vai então buscá-las ao templo, e o Coro aproveita este intervalo para avisar solenemente o velho de que o seu esforço será inútil pois os anos não perdoam e a juventude não lhe há-de ser restituída[41]. Também Alcmena tenta dissuadi-lo do seu propósito, mostrando-se receosa em permanecer sozinha e ressaltando o abandono em que ficarão as crianças e ela própria, em caso de derrota. No entanto, e a despeito de todos os argumentos apresentados, a vontade de Iolau permanece inabalável.

O Servo sai do templo com uma armadura completa, e o quadro que se segue é deveras burlesco (vv. 720-747)[42]. A decrepidez do velho guardião dos Heraclidas é agora, mais do que nunca, posta em relevo: ele quer participar de modo activo na luta, mas as suas forças nem sequer lhe permitem carregar com as armas até ao local do combate. E é precisamente desta discrepância entre o desejo e a realidade que resulta a comicidade da cena.

Tendo em conta a debilidade física do companheiro, o Servo oferece-se para transportar os seus pesados atavios (v. 725). Como se isso não bastasse, o ancião vai ainda pedir-lhe que lhe segure o braço esquerdo para lhe conduzir os passos (v. 728). O Servo replica de forma jocosa: «Será que é preciso dirigir um hoplita passo a passo, como se dirige uma criança?»[43]. Os dois começam paulatinamente a caminhar, e é Iolau quem reclama por celeridade, alegando que não quer perder a batalha. O *penestes* tenta chamá-lo à razão, explicando-lhe que ele é que é o vagaroso, mas o velho vai continuar, ainda por algum tempo, embrenhado na fantasiosa antevisão do seu extraordinário desempenho no combate[44]. A dada altura, porém, parecendo cair em si e na sua triste realidade, dirige-

---

[40] V. 694.

[41] As últimas palavras do Coro (vv. 707-708) antecipam, ainda que indirectamente, o motivo do rejuvenescimento de Iolau desenvolvido no episódio seguinte.

[42] Este quadro é comparável à cena de Cadmo e Tirésias que abre o primeiro episódio de *As Bacantes*.

[43] V. 729.

[44] Cf. vv. 736 e 738.

-se ao próprio braço e exprime o desejo de que ele volte a possuir a energia de outros tempos, para que a derrota de Euristeu seja garantida. Esta última intervenção de Iolau (vv. 740-747) coloca-nos perante um homem consciente das suas próprias limitações e faz-nos crer que as palavras pretensiosas anteriormente trocadas com o Servo não são mais do que o reflexo do esforço mental desenvolvido por um velho decrépito que quer acreditar que é capaz de levar a bom termo o seu intento beligerante[45].

Concluída que está a cena da partida cambaleante de Iolau para a batalha, seria interessante debruçarmo-nos sobre os efeitos que o dramaturgo quis provocar nos espectadores. Obviamente que, a este respeito, é muito difícil chegarmos a ilações definitivas, e como tal não passaremos de conjecturas baseadas na nossa própria sensibilidade. Que o elemento cómico está presente ao longo de todos estes versos, isso é um facto inegável; no entanto, se fosse intenção do poeta desenvolver pura sátira, esperaríamos da parte do *penestes* de Hilo um tom bem mais pungente. É que a verdade é que o seu humor, embora sarcástico, não deixa perpassar uma mordacidade severa e por vezes cai até numa comiseradora simpatia pela senilidade do velho protector dos Heraclidas[46]. Ora, é precisamente este sentimento de piedade que, em nossa opinião, Eurípides quer estender à audiência da peça[47]. E com que finalidade? – poder-se-á perguntar. Qual será, de facto, o intuito do poeta ao apresentar esta entrada grotesco-patética de Iolau na batalha? Uma resposta possível é a que nos é dada por Burian: "O ridículo e o *pathos* são um modo de evidenciar a maravilha da transformação do velho cambaleante em herói"[48]. Efectivamente, o enorme impacto do prodígio que se vai seguir está dependente do seu perfeito contraste com o quadro que acabámos de presenciar[49].

---

[45] BURIAN (1977: 12, n. 33) resume, em breves palavras, as várias interpretações destes versos finais de Iolau.

[46] Cf. vv. 731 e 737.

[47] GRUBE (1941: 171-172) admite mesmo que esta seja a nota dominante da cena.

[48] BURIAN (1977: 13).

[49] Esta técnica literária merece o seguinte comentário de CARPENTER, R., *Folk Tale, Fiction and Saga in the Homeric Epics* (Berkeley, 1946) p. 69: "Quanto mais frágil a vítima e mais amarga a humilhação da derrota, mais comovente a libertação e o triunfo final".

Antes, porém, de testemunharmos o tal evento assombroso, é concedido ao Coro o seu espaço habitual. Constituído por dois pares de estrofes, o estásimo terceiro (vv. 748-783) deixa bem claro que o sucesso dos Atenienses está longe de se encontrar assegurado, não obstante os reforços trazidos por Hilo. A ode começa com um imponente apelo às forças da natureza para que anunciem aos deuses a iminência do combate. A justiça da causa de Atenas é aqui, mais uma vez, posta em relevo – é por consideração pelos suplicantes que a cidade corre o grande risco de enfrentar a poderosíssima Micenas. Mas o Coro não tem medo, pois é firme a sua convicção de que Zeus está do lado dos Atenienses e de que há-de compensá-los pelo seu acto benemérito (vv. 766-767). A segunda díade estrófica abre com uma invocação directa a Atena. Num tom bem mais arrebatado do que o anterior, o Coro suplica à deusa guardiã da cidade que desvie para outro lado o injurioso exército argivo (vv. 770-776). É que o respeito devotado dos Atenienses pelo seu culto merece uma recompensa (vv. 777-783). De uma beleza sem igual, estes últimos sete versos pintam-nos um quadro movimentado e ressonante, onde não faltam as danças, os cantos e até mesmo as súplicas agudas das virgens[50].

O quarto episódio (vv. 784-891) é o corolário natural de todo este ambiente de confiança alimentado pelo Coro. Um mensageiro ofegante[51] entra em cena com novas de alegria para Alcmena: «vencemos o adversário e erguem-se troféus com a armadura

---

[50] A propósito desta intervenção coral, *vide* GARZYA (1956: 27).

[51] Murray identifica este *angelos* com o *Hyllou penestes* cuja entrada acontecera no v. 630 e com o servo que há-de trazer Euristeu perante Alcmena na cena final que tem início no v. 928. Teríamos então, na sua perspectiva, uma mesma personagem a desempenhar um triplo papel. Esta teoria foi, desde cedo, bastante rebatida. PEARSON (1907: xiv, n. 1), seguido depois por vários outros helenistas, reconhece a existência de duas personagens distintas: um servo de Hilo, que entra no v. 630 e que volta a aparecer no v. 928; e um escravo de Alcmena, que surge como mensageiro no v. 784. Esta hipótese é ainda hoje a mais aceite. De facto, o *angelos* que faz o relato da batalha tem de ser um subordinado da mãe de Héracles, uma vez que a anciã lhe promete a liberdade nos vv. 788-789. Por outro lado, o mal-entendido que acontece nos vv. 647-648 deixa evidente que Alcmena nem sequer conhecia o servo do neto. Quanto ao *therapon* que intervém no êxodo da peça, não há dúvida de que os vv. 936-938 favorecem a sua identificação com o mesmo *penestes* de Hilo. Para outros pormenores sobre esta matéria, *vide* WILKINS (1993: 152).

completa dos teus inimigos»[52]. A velha regozija-se com o sucedido mas continua preocupada com a sorte dos que lhe são queridos. Um breve diálogo com o *angelos* (vv. 792-796) vai, no entanto, tranquilizá-la: todos estão vivos e é grande a sua reputação entre os soldados; o próprio Iolau realizou feitos notáveis depois de rejuvenescido pelos deuses. Ávida de pormenores, Alcmena quer ouvir mais sobre a vitória dos seus, e é então que tem lugar o longo relato da batalha (vv. 799-866).

As palavras do Mensageiro são vigorosas e objectivas, e o seu ritmo acelerado consegue manter viva a atenção dos espectadores do princípio ao fim. Em contrapartida, todavia, não apresentam nada de original ou de particularmente notável. Razão tem Lesky quando afirma que não encontramos aqui o extraordinário brilhantismo a que Eurípides nos habituou nos seus relatos de mensageiro[53].

Esta narrativa da batalha compreende três partes claramente distintas: em primeiro lugar, o repto lançado por Hilo a Euristeu para um duelo e a recusa deste último (vv. 800-818); em seguida, os preliminares e o desenvolvimento da luta (vv. 819-842); por fim, a captura do rei argivo levada a cabo por Iolau depois de rejuvenescido (vv. 843-866).

O Mensageiro começa por reproduzir o discurso que, antes do confronto entre os dois exércitos, o filho mais velho de Héracles dirige a Euristeu tentando convencê-lo a resolver a questão por meio de um combate singular. Segundo o que nos é dito, a ideia é muito aplaudida mas o chefe dos Argivos não se aventura a aproximar-se do adversário, que assim se vê obrigado a voltar ao seu posto. Não contribuindo para o avanço da acção, este primeiro trecho narrativo é, todavia, uma peça fundamental para a caracterização das figuras de Hilo e de Euristeu, como duas índoles perfeitamente antagónicas: de um lado, o corajoso descendente de Héracles; de outro, o frouxo soberano de Argos.

Se a batalha é inevitável, há que proceder aos seus últimos preparativos: os adivinhos fazem sacrifícios[54], os soldados

---

[52] Vv. 786-787.

[53] *Vide* LESKY (1983: 260).

[54] Sobre a hipótese de encontrarmos aqui uma referência ao sacrifício de Macária, cf. *supra*, p. 32, n. 33, e ainda *infra*, pp. 159-160, n. 103.

colocam-se em posição de ataque e Demofonte dirige às suas tropas umas breves palavras de exortação. O combate das massas é-nos então relatado em termos muito gerais (vv. 830-842): no início os Argivos mostram-se superiores, numa segunda fase a luta já está equilibrada e, por fim, os Atenienses conseguem mesmo afugentar o exército inimigo.

Aproxima-se o momento alto da narrativa, ou seja, a transformação portentosa do velho guardião dos Heraclidas. Hilo ajuda Iolau a entrar na sua quadriga e, juntos, seguem no encalço de Euristeu, que bate em retirada. Neste ponto, o Mensageiro tem o cuidado de fazer uma advertência: «O que se passou a seguir, vou relatá-lo segundo testemunhos alheios. Até aqui contei o que eu mesmo vi»[55]. Méridier[56] entendeu estas palavras como reveladoras do cepticismo do próprio Eurípides relativamente ao sucedido e esta interpretação foi, em geral, bem aceite pela crítica. Alguns estudiosos[57], porém, não vêem neste comentário qualquer intenção particular do poeta e lembram que o escravo de Alcmena não estava, de facto, colocado em posição de assistir ao evento miraculoso, porquanto combatia a pé e a captura de Euristeu só viria a acontecer após uma longa perseguição de quadrigas. Segundo nos parece, e na linha do pensamento de Burian[58], este reparo do Mensageiro tem um objectivo dramático muito específico – funciona como uma interrupção de realce[59], na medida em que vai destacar a miraculosa conclusão da batalha da narrativa anterior. Em todo o caso, e qualquer que tenha sido o propósito do poeta com estes versos, uma vez que Iolau aprisiona deveras Euristeu, o seu rejuvenescimento tem de ser aceite como um facto real da peça[60].

[55] Vv. 847-848.

[56] MÉRIDIER (1925: 194).

[57] *Vide* GRUBE (1941: 172) e DEVEREUX (1971: 174-175).

[58] BURIAN (1977: 14, n. 40).

[59] No v. 853 encontramos uma outra pausa do mesmo género: «Agora vais ter a oportunidade de ouvir um prodígio».

[60] É de realçar que, em *As Bacantes,* Eurípides volta a introduzir um fenómeno de rejuvenescimento. Neste caso, os efeitos da idade desaparecem sob a influência do poder de Dioniso.

Ao transpor a augusta colina de Atena Palénide, o ancião vê o carro do chefe argivo. Dirige-se então a Hebe e a Zeus e pede-lhes a graça de rejuvenescer por um só dia (vv. 851-852). A sua súplica é atendida de imediato: dois astros (ao que tudo indica, Héracles e Hebe) aparecem sobre o jugo dos cavalos, o carro é envolto numa misteriosa nuvem escura e o nosso homem emerge das trevas perfeitamente revigorado. As façanhas que se seguem são resumidas em poucas palavras: Iolau alcança Euristeu perto das Rochas Cirónides, fá-lo prisioneiro e regressa com ele a Atenas. Centrando a sua atenção no infortúnio do poderoso general argivo, o Mensageiro vai terminar com uma breve reflexão sobre a efemeridade da ventura entre os mortais (vv. 863-866).

Atenas sai vitoriosa deste confronto com Argos. No entanto, mais do que o sucesso de uma cidade, a narração do escravo de Alcmena regista o triunfo de uma casta – o triunfo da ilustre casta de Héracles. O papel decisivo dos suplicantes na sua própria salvação é realmente um facto inegável. Demofonte, de quem se esperaria uma intervenção fundamental na batalha, tem uma acção quase nula, limitando-se a exortar as suas tropas no início dos trabalhos. Os verdadeiros protagonistas do combate são pois Hilo e Iolau, que levam a melhor sobre o rei argivo sempre que o enfrentam. E se ainda subsistia alguma dúvida quanto à justeza da causa dos Heraclidas e quanto à grandeza moral da sua raça, a aparição de Héracles divinizado como resposta às súplicas do seu antigo companheiro vai, com toda a certeza, dissipá-la.

A reacção de Alcmena às notícias do Mensageiro não se faz esperar. Exultante, a anciã dá graças a Zeus pelo sucedido, mas não deixa de adverti-lo pela demora do seu auxílio (vv. 869-872)[61]. Aos meninos, anuncia-lhes o fim do sofrimento e a restauração dos direitos há muito perdidos (vv. 873-878). Por último, dirige-se ao *angelos* procurando saber qual o motivo que levou Iolau a poupar a vida de Euristeu. A posição de Alcmena a este respeito fica, desde logo, bastante clara: «não é sensato capturar o inimigo e não praticar justiça»[62]. O Mensageiro explica-lhe que o chefe argivo foi poupado para que ela pudesse ter o prazer de testemunhar

---

[61] Esta não é a primeira vez que Alcmena critica o procedimento de Zeus para consigo. Cf. vv. 718-719.

[62] Vv. 881-882.

a sua humilhação, e parte logo em seguida, reivindicando a liberdade que, no início do episódio, lhe fora prometida em troca das novidades favoráveis que trazia.

É a vez de o Coro se pronunciar sobre o resultado da batalha. Os dois pares de estrofes que constituem o quarto e último estásimo[63] põem em evidência o júbilo dos anciãos atenienses pela vitória da sua cidade. O gáudio manifestado é, no entanto, sóbrio e comedido, como que a adivinhar a tensão negativa do êxodo final[64].

A primeira estância (vv. 892-900) abre num tom claramente festivo, com alusões à dança e ao seu encanto quando associada à beleza do som da flauta de lódão, mas a alegria prazenteira depressa vai dar lugar a uma inesperada reflexão sobre a contínua mutabilidade da fortuna. A antístrofe (vv. 901-909) desenvolve este mesmo tema, ligando-o contudo à ideia de justiça: se a divindade destrói sempre a presunção do homem injusto, Atenas não deve nunca desviar-se do honrado caminho que lhe permitiu a vitória. Convicto de que a dignidade moral é, de facto, recompensada, o Coro dirige-se a Alcmena, na estrofe segunda (vv. 910-918), para afirmar a sua certeza quanto à apoteose de Héracles e ao seu assento no palácio dourado junto de Hebe.

Mas o significado mais profundo deste último estásimo encontra-se nos seus versos finais (vv. 919-927), onde se pode vislumbrar um tácito aviso para que não se cometam actos insolentes. Assinala-se aqui, como uma coincidência digna de nota, que Atena tenha sido outrora a guardiã de Héracles e que agora seja a cidade desta mesma deusa a salvar os descendentes do herói e a pôr um fim na *hybris* do inimigo que sobrepunha a violência das suas paixões à justiça. No seguimento desta ideia, o Coro vai terminar fazendo votos de que o seu pensamento e o seu espírito nunca sejam insaciáveis. Garzya[65] sublinha o facto de esta lição

---

[63] Para uma judiciosa avaliação de todo este estásimo, cf. ZUNTZ (1955: 48-51).

[64] Ouçamos o pertinente comentário de GARZYA (1956: 29) a este respeito: "o último estásimo, estreitamente relacionado com o desenvolvimento da acção, evoca, por um lado, momentos já passados e, por outro, lança o olhar sobre o que será o futuro".

[65] GARZYA (1956: 29-30).

de *sophrosyne* vir pouco depois da evocação de Alcmena no v. 911. Efectivamente, mais uma vez aqui[66], o poeta parece interessado em levantar suspeitas sobre a mãe de Héracles, figura cujo carácter imoderado será posto a nu já de seguida, no desfecho do drama.

Chegamos assim ao clímax da acção, ou seja, à desconcertante cena final protagonizada por Alcmena (vv. 928-1055). As dificuldades levantadas por estes últimos versos foram bem resumidas por Burian: "Eurípides constrói, como a maior surpresa deste drama surpreendente, uma breve coda que, de forma inexorável, inverte os principais tópicos da peça, reabre todas as questões, desafia todas as conclusões. Estas 127 linhas constituem uma nova acção extraordinariamente forte e cruel que nos surpreende e nos deixa sem fôlego"[67]. Violento e chocante, este remate obscurece, de facto, o entendimento de *Os Heraclidas*[68], além de que tem levado muitos estudiosos a questionarem a unidade da peça e a qualificarem-na de pouco perfeita.

Euristeu é trazido à presença da velha mãe de Héracles e um servo[69] comenta o actual infortúnio daquele homem poderoso. As suas palavras são um eco evidente da intervenção coral anterior, na medida em que acentuam o desdém do rei argivo pela justiça e a inevitável retaliação da divindade. O *therapon* proveita ainda para justificar as ausências de Hilo e de Iolau que, segundo ele, ficaram a levantar o troféu da vitória.

Alcmena irrompe então num largo discurso (vv. 941-960), dificilmente igualável em expressões injuriosas e ofensas directas. Com um ódio mordaz, a anciã dirige-se ao inimigo, lembrando--lhe as penas sem conta que, no passado, infligiu ao seu filho e os muitos males já causados aos descendentes do herói e aos seus velhos protectores. Após esta arrebatada acusação, o processo vai sofrer uma abrupta reviravolta. Deixando-se tomar por uma cólera desenfreada, Alcmena proclama que Euristeu tem de morrer, e

---

[66] Cf. vv. 719-720; 869-870; 879-882.

[67] BURIAN (1977: 15-16).

[68] Daí as suas variadíssimas interpretações. Sobre o sentido desta última cena, assim como da peça em geral, cf. *infra*, pp. 87-94.

[69] Como já vimos, este servo é muito provavelmente o *Hyllou penestes*. Cf. *supra*, n. 51.

que uma só morte é muito pouco para ele (vv. 958-960). Como temos vindo a notar ao longo desta análise, o poeta foi preparando cuidadosamente os espíritos dos ouvintes para a atitude vingativa da mãe de Héracles. Este facto, porém, não diminui o choque produzido por esta violenta declaração, assim como pelos acontecimentos que hão-de agora ter lugar.

Segue-se uma breve *stichomythia* (vv. 961-974), muito provavelmente entre Alcmena e o Servo[70], em que este último tenta impedir a anciã de matar o rei argivo, com o argumento categórico de que a lei ateniense não permite a execução de prisioneiros capturados na guerra. Se até o próprio Hilo aceitou esta prescrição, também Alcmena deve obedecer à cidade. Mas a velha mulher está determinada a não renunciar à sua vingança e alega que, se ninguém quer matar Euristeu, ela mesma o fará. Antes de terminar, o Servo ainda a adverte, embora num tom já menos peremptório, de que este seu procedimento será bastante censurado.

A réplica de Alcmena (vv. 975-980) mostra-nos uma criatura amarga e intransigente, cujo desejo de retaliação se sobrepõe às obrigações morais para com Atenas. A anciã reafirma a sua determinação em matar o chefe argivo e deixa bem claro que as consequências futuras deste seu acto não a preocupam. Não há pois salvação possível para Euristeu!

O Coro intervém para reconhecer que a acerbidade de Alcmena contra o inimigo é justificável (vv. 981-982). E só agora, finalmente, o rei de Argos vai ter oportunidade de falar. O seu primeiro e longo discurso (vv. 983-1017) encerra a última surpresa da peça. Efectivamente, para espanto nosso, o homem que nos fora apresentado como um déspota frouxo e cruel vai revelar-se, afinal, um indivíduo sensato e corajoso. Euristeu dirige-se a Alcmena e informa-a de que não vai suplicar pela vida pois não quer ser acusado de cobardia. A sua estratégia é, de facto, outra que não a rogatória – ele vai optar por expor as razões do seu comportamento insolente para com Héracles e os Heraclidas. E a sua explicação é muito simples: Hera é a única culpada, pois foi

---

[70] A identificação dos interlocutores dos vv. 961-972 é uma questão problemática. Seguimos a hipótese levantada por ZUNTZ (1955: 126). Para mais pormenores, *vide infra*, p. 161, n. 120.

ela que o atingiu com a loucura que o levou a hostilizar o seu primo[71]. Num outro contexto, estas palavras seriam entendidas como uma mera desculpa. Aqui, todavia, numa peça em que os deuses intervêm realmente nos assuntos dos homens, o argumento do rei argivo parece adquirir algum peso.

Suscitada que estava a querela, Euristeu não teve outra alternativa senão lançar sofrimento ao seu redor. Assumindo-se mesmo como um grande inventor de desgraças (v. 993), ele vai justificar este seu procedimento com o receio natural que sentia perante um adversário tão insigne como Héracles. E é este mesmo sentimento de insegurança que, segundo o soberano, está na base das muitas penas posteriormente infligidas aos filhos do herói. Quem pois, no seu lugar, deixaria à solta as crias hostis de um leão inimigo? Nem a própria Alcmena – insiste Euristeu – actuaria de forma diferente da sua (vv. 1005-1008).

Justificados os seus actos indignos, o chefe argivo vai então mudar de assunto para lembrar à cruel anciã que a sua vida é sagrada aos olhos da lei ateniense e que, como tal, o seu assassino não ficará impoluto (vv. 1009-1011). A cidade foi sensata e deixou-o escapar. Agora é a vez de Alcmena decidir se há-de ou não agir com prudência. De qualquer forma, Euristeu faz questão de salientar que não tem medo da morte (v. 1017).

O Coro aconselha a velha mãe de Héracles a obedecer à cidade e a deixar partir o prisioneiro (vv. 1018-1019). Vai, no entanto, concordar com a anciã quando ela sugere que o melhor seria fazer a vontade de Atenas e, ao mesmo tempo, matar o inimigo. A solução apresentada por Alcmena é muito simples e não passa de um habilidoso sofisma engendrado por uma mulher inteligente: ela diz-se disposta a entregar o cadáver de Euristeu aos amigos que vierem procurá-lo (vv. 1023-1024).

Rendido, finalmente, ao seu infortúnio, o soberano profere um último discurso (vv. 1026-1044) onde assume a postura convencional de um *deus ex machina*[72]. Querendo gratificar a

---

[71] Sobre o parentesco entre Euristeu e Alcmena (e, consequentemente, entre o mesmo Euristeu e Héracles), cf. *infra*, p. 162, n. 123.

[72] Como bem observou GRUBE (1941: 173): "no momento da sua morte, Euristeu transforma-se numa figura sobre-humana, algo que Eurípides gostava de encontrar no final das suas peças".

cidade que o deixou com vida, Euristeu vai dar a conhecer um antigo oráculo de Apolo que lhe é favorável. Dirige-se então ao Coro para lhe garantir, em tom profético, que o seu túmulo será uma protecção para Atenas quando, em tempos vindouros, os descendentes dos Heraclidas invadirem aquela terra, desleais ao favor recebido[73]. Estes últimos terão nele o pior inimigo e hão-de mesmo sofrer um funesto regresso como paga da sua desventura. Conhecedor da profecia de Apolo, o rei argivo explica que só ousou atacar os Atenienses porque imaginava Hera muito superior aos oráculos e incapaz de o trair.

As derradeiras palavras de Alcmena (vv. 1045-1052) são mais um exemplo da sua perigosa agudeza de espírito. Ignorando por completo os vaticínios referentes ao futuro calamitoso da sua estirpe, a velha mulher põe o acento na necessidade da morte de Euristeu para a salvação da cidade, tentando, deste modo, obter a condescendência do Coro para o acto selvático que vai levar a cabo. Num último acesso de raiva, volta-se para os servos e ordena-lhes que matem o inimigo e que entreguem o seu cadáver aos cães, derrogando assim a pequena concessão que ainda há pouco fizera aos seus protectores[74]. Esta flagrante incoerência de atitudes por parte da anciã tem sido analisada das mais variadas formas, o que é evidente no comentário de Lesky que passamos a citar: "O cadáver de Euristeu deve ser atirado aos cães. Será este o último fôlego do seu [de Alcmena] espírito vingativo (...)? Um cínico desprezo pela solução recém-acordada? (...) Será suposto reconhecermos uma ferocidade no limiar da loucura, já que Alcmena, num primeiro momento, refere a utilidade do corpo e depois quer lançá-lo aos cães?"[75].

---

[73] É impossível não ver nestas palavras do rei argivo uma referência a acontecimentos contemporâneos do poeta. A propósito deste assunto, e ainda sobre a importância concedida à profecia de Euristeu como base de datação da peça em causa, *vide supra*, o capítulo que dedicámos à 'data'.

[74] Cf. vv. 1022-1025.

[75] LESKY (1983: 262). Vários estudiosos propõem mesmo uma leitura diferente de κυσίν («aos cães»). Para um desenvolvimento desta matéria, cf. *infra*, p. 162, n. 129.

Os servos arrastam Euristeu, e o Coro vai fechar este sórdido espectáculo com palavras de anuência às ordens dadas por Alcmena (v. 1053), seguidas de uma breve nota de sentido não muito claro (vv. 1054-1055)[76]. E é assim, um pouco frouxa e bruscamente, que termina esta peça, talvez porque, como já referimos[77], faltem algumas linhas depois do v. 1052 que permitiriam clarificar o significado dos dois versos finais.

[76] «No que depender de nós, os soberanos conservar-se-ão imaculados». Sobre as possíveis interpretações desta afirmação do Coro, cf. *infra*, p. 162, n. 130.

[77] Cf. *supra*, p. 32, e ainda *infra*, p. 162, n. 130.

5. AS FIGURAS

A crítica, em geral, avalia *Os Heraclidas* de Eurípides como uma obra menor. Wilamowitz vai ao ponto de afirmar que, de todas as peças do tragediógrafo que chegaram até nós, esta é a mais insignificante. Muito embora nos distanciemos de uma posição tão radical[1], somos contudo obrigados a admitir que ao fecharmos *Os Heraclidas* não sentimos que deixamos para trás uma obra grandiosa, como acontece após a leitura de um *Hipólito* ou de uma *Medeia*, por exemplo. Ora, segundo nos parece, este efeito advém, em larga medida, da actuação das personagens do nosso drama. Se é certo que quase todas as figuras se encontram bem caracterizadas nos seus traços individuais e que algumas delas despertam bastante interesse e conseguem até comover profundamente, também não é menos verdade que o seu desempenho é sempre transitório. Não há, de facto, em *Os Heraclidas,* um protagonista cujo destino oscilante possamos seguir com emoção ou enleio[2].

---

[1] Cf. *infra*, pp. 93-94.

[2] Como teremos oportunidade de realçar, o objectivo principal de Eurípides é outro que não a unidade dramática resultante da existência de uma personagem que fizesse a ligação entre os vários episódios. Com efeito, quando estudamos a peça com atenção, entendemos que o poeta está mais interessado na mensagem que a história dos Heraclidas há-de dissimuladamente transmitir aos Atenienses seus contemporâneos (cf. *infra*, pp. 93-94).

Conscientes desta realidade, passaremos, sem mais delongas, ao estudo dos diversos caracteres que, através da sucessão das várias cenas da peça, se vão delineando com grande nitidez.

Qualquer tragédia que se desenrole à volta do motivo da súplica[3] não pode deixar de envolver um grupo implorante, os seus perseguidores e os seus hospedeiros. É pois esta ambiência humana que vamos encontrar em *Os Heraclidas:* Iolau, Macária e Alcmena[4] dão voz ao bando de suplicantes; no papel de algozes encontramos Euristeu e o respectivo arauto; Demofonte e o Coro de anciãos representam a acolhedora cidade de Atenas.

Um pedido de ajuda de alguém desfavorecido implica necessariamente problemas e encargos para o seu protector. Formulada, de um modo geral, nestes termos, a questão da súplica vai contudo receber um tratamento particular na nossa peça. Aqui, de facto, não é só Atenas que tem obrigações para com os Heraclidas, mas os próprios suplicantes devem esforçar-se por sair da penosa situação em que se encontram e por libertar a cidade do perigo em que a colocaram. Como sublinha Zuntz[5], amizade pressupõe agora dar e receber e, neste sentido, a regra moral *(nomos)* exige o máximo empenho de todos na salvaguarda da vida comum.

Macária[6] é o exemplo extremo de dedicação aos outros e a prova mais evidente de que aos Heraclidas cabe um papel relevante na sua própria salvação. Jovem e frágil, porém senhora de uma maturidade precoce, ei-la que surge, no âmago da peça, decidida

---

[3] Sobre o motivo da súplica em Eurípides, *vide* o excelente estudo de AÉLION (1983, vol. 2: 15-61).

[4] É de notar que Eurípides foi à parte mais fraca do grupo de refugiados buscar as personagens do seu drama. Como já deixámos evidente, Hilo, o Heraclida principal na tradição mitológica, é aqui uma figura à margem, que não aparece em cena e cujos feitos são apenas brevemente relatados por terceiros.

[5] ZUNTZ (1955: 27).

[6] Como já referimos (cf. *supra*, p. 36), o nome da filha de Héracles não aparece no texto dramático. Este facto, todavia, não impede que a jovem seja uma das figuras mais ricas da peça, e até mesmo, como diz GARZYA (1956: 26), de todo o teatro euripidiano. Será ainda importante recordar que este não é o único caso em que o nome de uma personagem trágica vem omisso no texto poético. O mesmo acontece, por exemplo, com a generalidade dos arautos, incluindo o da nossa peça (cf. *infra*, n. 78).

a resolver a situação de crise em que os adultos se mostram inoperantes. E é sem arrebatamentos de espírito e com uma determinação invulgar que vemos a corajosa donzela oferecer a sua própria vida em sacrifício[7]. Para além de elevar o tom dramático da tragédia, este seu acto consciente e voluntário permite ainda o contraste com a figura do soberano de Atenas que, naquele momento crucial, se encontra absorto em indecisão e perplexidade.

De todas as personagens intervenientes na peça, Macária é, como bem demonstrou Avery[8], a que mais se aproxima do ideal vivido por Héracles. Cônscia do sangue heróico que lhe corre nas veias, a jovem não foge às responsabilidades morais que daí lhe advêm, esforçando-se por provar a si mesma e aos outros que é digna do seu pai. A noção de *eugeneia* é pois uma constante ao longo de toda a cena protagonizada pela filha de Héracles. Nos vv. 408-409, Demofonte havia comunicado a Iolau que os oráculos exigiam o sacrifício de uma virgem nascida de um nobre pai *(patros eugenous)*. Ao informar Macária da resposta da divindade, o ancião modifica um pouco as palavras do monarca e diz mesmo que a vítima a sacrificar tem de ser *eugenes*[9]. Por conseguinte, oferecendo-se para satisfazer as exigências dos oráculos, a jovem filha de Héracles está, desde logo, a assumir-se como tal[10]. A sua *eugeneia* é, de facto, implicitamente reconhecida em vários passos,

---

[7] O sacrifício voluntário é um dos motivos dilectos de Eurípides. Já o havíamos encontrado em *Alceste* e vê-lo-emos desenvolvido, mais tarde, em *Hécuba* (sacrifício de Políxena), em *As Suplicantes* (sacrifício de Evadne), em *As Fenícias* (sacrifício de Meneceu) e em *Ifigénia em Áulide* (sacrifício de Ifigénia). Também das peças perdidas nos chega o eco deste motivo, em obras como *Erecteu* e *Frixo*. É de notar o facto de a vítima preferencial ser a jovem mulher de sangue real, o que, sem dúvida alguma, permite ao dramaturgo tirar melhores efeitos patéticos da situação.

O tratamento do motivo do sacrifício voluntário nas várias tragédias euripidianas é um assunto muito estudado. Porque está fora do propósito do nosso trabalho, não nos alongaremos sobre ele, limitando-nos a referir alguma da bibliografia que, a este respeito, se nos afigura mais importante. Para além do antigo mas influente estudo de ROUSSEL (1922), há ainda a focar os recentes trabalhos de NANCY (1983) e de WILKINS (1990a), assim como o excelente artigo de SILVA, M. F. S. (1991).

[8] AVERY (1971: 540-544).

[9] Vv. 489-490.

[10] Ela mesma refere, no v. 513, que é filha de um pai nobre.

e é mesmo distinguida de forma clara quando, nos vv. 553-554, Iolau salienta que o primeiro discurso da donzela havia sido *aristos* mas que o segundo foi *eugenesteros*. Também o Coro afirma, de modo declarado, que o procedimento de Macária é digno do seu pai e da sua *eugenia*[11].

Figura idealizada, moralmente intacta, a filha do herói deificado vai manter-se inabalável no seu intento, dirigindo o ritual do seu próprio sacrifício[12] e opondo-se de modo categórico à proposta de Iolau de que a vítima fosse escolhida pela sorte[13]. No final, porém, as suas intrépidas palavras deixam vislumbrar um leve sinal de fraqueza. Aproxima-se o momento do trespasse, e a jovem pede ao seu velho protector que a acompanhe para que possa expirar nos seus braços. Esta necessidade de amparo na hora derradeira revela-nos a faceta humana de alguém que, até ao momento, mais parecia sobrenatural. E nem por isso o carácter de Macária se torna menos extraordinário; pelo contrário, este breve toque de humanidade, reiterado depois no pessimista desabafo final da rapariga[14], só vai contribuir para o enriquecimento da sua figura poética.

Terminado o segundo episódio, a filha de Héracles não volta a ser mencionada[15]. Embora temporária, a sua intervenção vai, contudo, permanecer por muito tempo indelével no espírito da audiência. É que ninguém poderá esquecer a grandeza moral de uma adolescente que, sem qualquer hesitação, deita fora o seu bem mais caro, em troca da salvação da sua raça e da segurança da estrangeira Atenas. E o impacto desta renúncia há-de mesmo perdurar até ao final da peça, permitindo assim o contraste com a actuação da figura de Alcmena.

---

[11] Vv. 626-627.

[12] Cf. vv. 526-530.

[13] Cf. vv. 543-548. Como muito bem observou SILVA, M. F. S. (1991: 26): "A proposta ténue de Iolau (...) é apenas pretexto para que Macária reafirme o seu propósito, que não deseja dependente da sorte mas do seu querer".

[14] Cf. *supra*, p. 53.

[15] Sobre o silêncio que envolve a figura de Macária, cf. *supra*, pp. 26 e 54.

Porque não relatou a trágica morte de Macária, Eurípides é comummente acusado de não ter concedido à ilustre donzela a importância que lhe era devida. No entanto, segundo nos parece, a questão pode (e deve) ser entendida de modo diferente: se, ao introduzir a figura da heroína, o poeta tinha como objectivo projectar sobre os Heraclidas uma imagem de nobreza, mais do que o espectáculo da sua imolação, o que importava fazer sobressair era a sua atitude altruísta na imediata aceitação da maior provação que pode caber a um suplicante.

Além de Macária, encontramos em *Os Heraclidas* uma segunda figura moralmente intacta. Falamos de **Iolau,** o antigo companheiro de Héracles que, após a ascensão divina do herói, ficou incumbido da defesa e da educação dos seus filhos.

Embora já atingido pela idade, Iolau vai desempenhar na perfeição este seu novo e difícil papel. Sem vislumbrar qualquer outra esperança de salvação, foge com as crianças para Atenas. E é ele que, com a sua débil força, defende os meninos da violência do arauto argivo. É ainda ele que habilmente advoga a causa dos seus protegidos perante o rei da cidade. Quando a sua súplica é aceite, reconhece de imediato a enorme dívida de gratidão para com Demofonte e Atenas, e tenta incutir nos Heraclidas este nobre sentimento[16]. Mais tarde, ao saber o resultado dos oráculos, não hesita em oferecer a sua própria vida[17], atitude que, apesar de improfícua, não deixa de ser reveladora da sua extrema dedicação aos filhos do herói agora deificado.

Empenhado em ser o pai que as crianças perderam, o ancião consegue, efectivamente, que elas o vejam como tal. Prova disso é o seguinte comentário de Macária: «nós somos para ti como filhos, nós fomos criados pelas tuas mãos»[18].

Seguindo a linha do pensamento de Avery[19], podemos dizer que Iolau é pai dos Heraclidas porque se encarregou da sua educação, mas também porque demonstrou ser muito semelhante ao seu verdadeiro progenitor. A elevada estatura moral evidenciada

---

[16] Vv. 309-319.

[17] Vv. 453-455. Recordemos, por contraste, a atitude de Feres, o velho pai de Admeto que, em *Alceste,* se recusa a morrer para salvar o próprio filho (cf., em particular, os vv. 611-741).

[18] V. 578.

[19] AVERY (1971: 554).

pelo ancião ao longo da peça coloca-o, de facto, muito perto do nobre ideal de Héracles. Iolau está continuamente em cena até ao v. 747. Bastam-nos porém alguns instantes na sua presença para sentirmos que estamos diante de um homem íntegro, um acérrimo defensor do *nomos* que encara a prática da justiça como uma obrigação que lhe é inerente e que se empenha em cumprir as suas responsabilidades morais para com os outros, sem olhar aos esforços despendidos.

Modelo de virtude, nem por isso Iolau deixa de nos aparecer como uma pessoa concreta, com traços de carácter muito particulares e bastante vincados[20]. O velho guardião dos Heraclidas é um indivíduo impetuoso, dado a sentimentos empolados, tão intenso nas suas manifestações de alegria[21] e de gratidão[22] como na exteriorização dos seus receios[23] e dos seus rancores[24]. Sem conhecer um meio-termo, o nosso homem ora cai em profunda consternação[25], ora se deixa levar por esperanças imprudentes e infundadas[26]. O afecto que dedica aos seus protegidos confere-lhe uma determinação e uma coragem invulgares, que não lhe permitem poupar as suas exíguas forças de ancião[27]. Perspicaz a argumentar e a retorquir, ele tem ainda o mérito acrescido de pôr em prática os princípios morais que evoca. De facto, como já referimos, estamos perante um honrado cumpridor do *nomos*, cujos esforços incansáveis podemos testemunhar ao longo da peça. Tal como Macária, também ele é generoso e altruísta; tal como a nobre donzela, também ele está cercado de uma auréola de grandeza capaz de despertar a maior das admirações. E é interessante notar como o próprio ancião está consciente dos seus dignos merecimentos e a eles amiúde se refere[28].

---

[20] *Vide*, a este respeito, ZUNTZ (1955: 28).

[21] Cf. vv. 640; 642-643.

[22] Cf. vv. 307-308; 320-328; 597-599.

[23] Cf. vv. 440-442.

[24] Cf. v. 52.

[25] Cf. vv. 602-604; 632-636.

[26] Cf. vv. 347-352.

[27] Cf. vv. 66; 680-693; 843-847.

[28] Cf. vv. 89; 687; 740-744.

Da figura de Iolau retira Eurípides um extraordinário efeito teatral. Na verdade, o acentuado contraste entre a decadência física e a energia espiritual do velho homem[29] permite a construção de cenas de grande espectacularidade, tão do gosto do poeta. O antigo companheiro de Héracles é caracterizado pelas suas débeis forças, que o fazem cair duas vezes por terra[30]. A par desta fraqueza, evidencia-se, todavia, desde o início, um espírito vigoroso e obstinado. E essa vontade desmedida há-de sobrepor-se, no final, ao abatimento do corpo, numa cena de efeito aparatoso, onde vemos Iolau partir entusiasticamente para a batalha, contudo incapaz de suportar o peso da armadura[31]. Mas o dramaturgo vai mais longe e, pela boca do Mensageiro, faz chegar até nós a história da transformação portentosa do ancião, deixando assim bem claro que a firmeza de espírito é capaz de tudo, até dos maiores prodígios.

Este milagroso rejuvenescimento, que tão variadas interpretações tem suscitado[32], não é mais, em nosso entender, do que a confirmação da elevada estatura moral de Iolau e a prova de que, mais cedo ou mais tarde, o homem justo é recompensado pelos deuses[33]. Perseguido pelo inimigo, vergado pelo peso dos

---

[29] O confronto entre o corpo e o espírito é um tópico frequente em Eurípides. Há, de facto, um discurso de velhice que o poeta repete de peça para peça e cuja eficácia dramática é inegável. *Vide*, a este propósito, o interessante estudo de DESERTO (1998: 49-79).

A senilidade de Iolau é posta em relevo em *Os Heraclidas*, mas é curioso notar como, na realidade, este homem não podia ser assim tão velho, uma vez que era sobrinho de Héracles e neto de Alcmena.

[30] Cf. vv. 75-76; 633. Este tipo de velho prostrado é muito comum no teatro euripidiano. Adrasto em *As Suplicantes* e Peleu em *Andrómaca* são exemplos de outros anciãos que o dramaturgo faz derrubar por terra.

[31] Sobre esta cena, cf. *supra*, pp. 56-57.

[32] Há mesmo quem não veja nada de sobrenatural na transformação do velho homem. *Vide*, a este propósito, o curioso mas pouco persuasivo artigo de DEVEREUX (1971), onde o estudioso tenta fazer coincidir a descrição dos sintomas de Iolau e o seu posterior rejuvenescimento com um diagnóstico de artrite reumatismal e um alívio temporário dos indícios da doença.

[33] Discordamos, portanto, de estudiosos como BLAIKLOCK (1952: 63) que vêem Iolau como uma sátira fantástica que Eurípides dirige a todos os anciãos do seu tempo (a si próprio, inclusive), querendo mostrar-lhes a inutilidade do seu serviço em prol da pátria.

anos, despedaçado pela perda da mais distinta das suas protegidas, o velho mantém-se firme no seu intento, e é essa sua perseverança que faz com que o milagre aconteça.

Com a figura de Iolau, o dramaturgo projecta, de novo, sobre os Heraclidas uma imagem de nobreza. E não podemos dizer que a heroicidade do ancião é inferior à de Macária ou que a sua devoção é menos completa do que a da jovem. Na realidade, os esforços desinteressados destes dois idealistas complementam-se e são igualmente fundamentais para a salvaguarda da vida comum[34].

Fundamental é ainda a intervenção de **Demofonte**, o ilustre rei de Atenas que, para defender os suplicantes, não hesita em expor a sua cidade e o seu povo à inimizade da poderosa Argos. Tal como Macária e Iolau, também o jovem monarca[35] orienta a sua vida para um elevado ideal. Ele é filho do insigne Teseu, e porque tem uma reputação a manter, preocupa-se em tomar as decisões moralmente mais correctas[36].

Digno herdeiro da glória paterna[37], Demofonte é o representante máximo da Atenas liberal e piedosa, celebrizada por acolher os infortunados e por sustentar, com êxito, a prática do *nomos*. Ao encontrar Iolau prostrado no chão, ele condena severa e prontamente o acto de violência do arauto argivo[38]. Preside depois, com louvável sobriedade, ao *agon* entre Copreu e o ancião, e as suas palavras finais a favor dos Heraclidas caracterizam-se por uma clareza e uma concisão invulgares[39]. Mas a desmesurada insolência de Copreu vai fazer com que o soberano revele a sua

---

[34] A propósito dos esforços desenvolvidos por Macária e por Iolau, *vide* ZUNTZ (1955: 30).

[35] Vários são os indícios de que Demofonte é ainda um jovem: ele é mais novo do que o Coro (cf. vv. 120-121); ele e os filhos de Héracles são da mesma geração (cf. vv. 207-212); Iolau chama-lhe «meu filho» (cf. v. 381).

[36] Sobre as semelhanças existentes entre as atitudes de Demofonte e Macária, dois nobres filhos nascidos de dois nobres pais, *vide* AVERY (1971: 546-547).

[37] Nos vv. 325-328, Iolau diz claramente que Demofonte não é inferior ao pai.

[38] Cf. vv. 130-131.

[39] Cf. vv. 236-252.

faceta humana[40], numa cena em que só a intervenção decidida do Coro consegue impedi-lo de cometer o acto sacrílego de bater num arauto[41].

Eurípides atribui a Demofonte todas as qualidades de um monarca ideal. Eleito democraticamente, ele tem em conta as opiniões dos seus concidadãos[42] e está ciente de que só assim poderá levá-los a obedecerem-lhe[43]. A sua preocupação dominante é Atenas e a sua estabilidade, e é por esse motivo que ele vai recusar-se a matar uma jovem sua conterrânea para salvar os estrangeiros suplicantes, procedimento que, na sua opinião, desencadearia uma guerra civil[44].

Demofonte distingue-se ainda como chefe militar. Cauteloso e previdente, o soberano não se esquece de ordenar com antecedência as suas tropas nem de assegurar o favor dos deuses com sacrifícios e com a consulta de oráculos. Ao mesmo tempo, envia espias na direcção do exército argivo e, mais tarde, ele próprio se desloca até lá para observar os movimentos dos inimigos. É que, em seu entender, «um homem que diz saber ser um bom general deve conhecer os adversários de outro modo que não pelos mensageiros»[45].

A crítica não é unânime quanto à avaliação do carácter da figura de Demofonte. De facto, se muitos dos estudiosos vêem o soberano como uma personagem nobre e idealizada[46], outros há que se

---

[40] Já vimos como Eurípides havia, de igual modo, enriquecido a figura da heróica filha de Héracles com um breve toque de humanidade (cf. *supra*, p. 72). Ao acentuar a dimensão humana das suas personagens mais nobres, o poeta parece ter como objectivo demonstrar que a virtude é acessível a todos os mortais.

[41] Cf. vv. 270-273. Sobre a inviolabilidade dos arautos, cf. *infra*, p. 152, n. 40.

[42] Cf. vv. 335; 422. Muito embora esta ideia de governação democrática seja repetidamente realçada, não podemos, todavia, esquecer-nos de que a decisão de expor Atenas ao perigo de uma guerra com Argos coube apenas a Demofonte (cf. vv. 236-252). E até que ponto – parece-nos legítimo perguntar – será admissível a um soberano que diz governar colectivamente dispor, desta forma, da sua cidade?

Sobre o tópico da democracia na tragédia em geral, *vide Aeschylus. The Suppliants*. Edd. comm. FRIIS JOHANSEN, H. and WHITTLE, E. W. (Copenhagen, 1980) pp. 292-293.

[43] Cf. v. 424.

[44] Cf. vv. 418-419.

[45] Vv. 390-392.

baseiam na última parte da sua longa *rhesis*[47] para o qualificarem de antipático, egoísta e mesquinho[48]. O que acontece é que, perante a exigência dos oráculos, o rei ateniense, que antes se pusera ao inteiro dispor dos suplicantes, vai mostrar-se hesitante e completamente dominado pelo terror. Ele não vai matar a sua filha nem a de outro qualquer cidadão[49] e, como tal, não sabe o que fazer. Nesta sua instabilidade emocional, Demofonte é sobretudo um ser humano comum, que ama a sua família e a sua pátria acima de todas as coisas, mesmo acima da causa sagrada dos suplicantes. E será isto condenável? Poder-lhe-emos chamar egoísta e mesquinho só porque ele prefere o bem-estar das suas gentes ao bem-estar dos estrangeiros? Pensamos que não. E se até o próprio Iolau compreende a atitude do monarca e sabe apreciar o seu valor[50], quem somos nós para o censurar?

Pela análise que temos vindo a esboçar, será fácil depreender-se que em *Os Heraclidas* existe um conjunto de caracteres moralmente elevados, honrados respeitadores do *nomos* e das obrigações que daí advêm – os tais homens justos a que aludiu Iolau nas suas palavras iniciais[51]. Ao seu lado, todavia, como seria de esperar, encontramos indivíduos arredados de qualquer princípio moral, aqueles que o ancião descrevera como sendo prejudiciais aos seus semelhantes, já que só para si mesmos têm valor[52].

Alcmena é uma dessas figuras negativas – se assim lhe podemos chamar. Ela e a sua neta Macária, as únicas personagens

[46] *Vide* PEARSON (1907: xxvii), GRUBE (1941: 174-175), BLAIKLOCK (1952: 56-58), ZUNTZ (1955: 38-39), ROMILLY (1961: 111-112) e AVERY (1971: 546-547).

[47] Vv. 410-424.

[48] *Vide* GARZYA (1956: 22). Para uma outra apreciação negativa da figura de Demofonte, *vide* GUERRINI (1972: 59-60).

[49] Parece-nos muito provável que, quer no espírito do autor quer no dos ouvintes, se estabelecesse um contraste entre o procedimento de Demofonte e a célebre atitude desprezível de Agaménmon perante uma situação semelhante. Como é sabido, o dilema deste último soberano é posteriormente retomado por Eurípides na *Ifigénia em Áulide*.

[50] Cf. vv. 435-438.

[51] Cf. v. 2.

[52] Cf. vv. 3-5.

femininas da peça[53], têm em comum uma invulgar firmeza de ânimo que as faz arrastar para situações extremas. Em todos os outros aspectos, porém, estas duas mulheres são o perfeito antagonismo uma da outra. Macária é tímida[54]; Alcmena é espectaculosa[55]. Macária é altruísta e abnegada; Alcmena é egocentrista e vingativa. Macária respeita os laços de amizade que a ligam a Atenas; Alcmena não sente quaisquer obrigações para com a cidade protectora. Macária deixa-se conduzir pelos mais altos valores morais; Alcmena tem como únicos princípios orientadores o ódio e a violência.

Mãe do herói que Euristeu molestou das formas mais atrozes, avó dos meninos que o mesmo chefe argivo vem perseguindo por toda a Grécia, Alcmena conheceu inúmeras provações ao longo da sua vida. E este sofrimento continuado, aceite por Iolau e Macária com uma resignação idealista, tem na anciã consequências muito nefastas. De facto, vamos deparar-nos com uma criatura enlouquecida pelo terror, tacanha e intratável, que não consegue enxergar nada nem ninguém para além de si mesma.

Na sua primeira aparição em cena[56], Alcmena não é mais do que uma velha fugitiva completamente dominada pelo medo. Marcada pelos anteriores arremessos do enviado de Euristeu, ela entende o chamamento de Iolau como um pedido de socorro e, tentando proteger os netos, sai do templo com ameaças de resistência ao suposto inimigo. "Para ela, qualquer grito é um grito de terror; o medo tornou-se a essência do seu ser" – escreve Zuntz[57].

As suas atitudes posteriores denunciam um egocentrismo desmedido, uma forte tendência para se sentir pessoalmente lesada com o procedimento dos outros: ao saber que está perante o servo de Hilo, Alcmena lamenta que o neto não a tenha vindo ver[58]; antes de Iolau partir para a batalha, a preocupação da velha mulher é só uma – a sua própria salvação[59]; tudo o que se passa à sua

---

[53] Para alguns críticos, elas são as duas figuras mais interessantes de *Os Heraclidas*. *Vide*, a título de exemplo, PEARSON (1907: xxix).

[54] Cf. vv. 474-479.

[55] Cf. vv. 646-653.

[56] Já muito tardia, por sinal (v. 646).

[57] ZUNTZ (1955: 36).

[58] Cf. vv. 661-663.

[59] Cf. v. 712.

volta parece querer tocá-la de modo pessoal, até mesmo a aparente indiferença de Zeus[60].

O sofrimento deturpou, de facto, o raciocínio de Alcmena. E é no êxodo, onde a anciã é a figura central, que esta realidade se torna mais evidente. Depois da vitória dos seus, frente a frente com o inimigo derrotado, a mãe de Héracles revela-se uma mulher rancorosa, imoral, sanguinária e inumana. Cega pelo ódio, todas as suas forças se concentram numa única direcção – a vingança que deseja tirar de Euristeu[61]. Contra a lei de Atenas que proíbe a morte dos prisioneiros de guerra, contra o próprio Hilo que acatara a decisão da cidade protectora[62], Alcmena está determinada a matar o soberano argivo. É que a sua concepção de justiça assenta no antigo preceito moral que defende que os inimigos têm de ser destruídos[63]. Ela não conhece a piedade e o perdão. Ela age, afinal, segundo o mesmo princípio a que obedecera Euristeu ao condenar à morte os descendentes de Héracles[64].

Mas Alcmena não é apenas uma mulher cruel e vingativa. Ela é também uma criatura inteligente e arguta que não se coíbe de fazer uso de ardilosos estratagemas[65] para levar avante os seus propósitos mais violentos. E esta combinação de habilidade sofística e desumanidade selvagem, que encontramos também no rei argivo e no seu arauto[66], faz da velha mãe de Héracles uma pessoa realmente perigosa.

---

[60] Cf. vv. 718-719.

[61] É de notar que a personalidade da mulher vingativa é um aspecto amplamente explorado no teatro de Eurípides. Quem poderá esquecer uma Medeia ou uma Hécuba, por exemplo, duas magnificentes criaturas movidas por um forte desejo de retaliação?

[62] Cf. vv. 961-968.

[63] Esta posição extremista de Alcmena estava já evidente nos vv. 881-882, quando a anciã, sem entender por que razão Iolau havia poupado Euristeu à morte, afirma que «não é sensato capturar o inimigo e não praticar justiça».

[64] "O opressor e o oprimido: quão idênticos eles são!" – comenta ZUNTZ (1955: 36). Sobre as semelhanças de carácter existentes entre a Alcmena que temos diante de nós e o Euristeu que nos vem sendo descrito desde o início da peça, *vide* AVERY (1971: 560-562) e BURIAN (1977: 17-19).

[65] Cf. vv. 1020-1025. Note-se aqui, mais uma vez, o carácter egocêntrico de Alcmena: é a ela, pessoalmente, que a morte de Euristeu deve dar satisfação.

[66] Sobre a habilidade sofística de Euristeu, cf. vv. 991-996, onde o soberano admite que, depois de envolvido em desavenças com Héracles, se tornou um *sophistes* para se proteger a si mesmo do poderoso inimigo. No v. 257 vemos, na prática, a argúcia capciosa de Copreu.

Temos vindo a associar os caracteres de Alcmena e de Euristeu, mas a verdade é que pouco se disse ainda acerca da figura do soberano de Argos. Convém pois que nos detenhamos uns momentos sobre o perfil deste indivíduo, para que, desta forma, possamos entender até que ponto a comparação entre as duas personagens é admissível.

Em termos gerais, **Euristeu** é diferente de todos os outros intervenientes na peça[67]. E essa diferença resulta da ambiguidade do seu carácter, facto que muitas vezes deixa a crítica desconcertada, sem saber exactamente o que pensar a seu respeito. A verdade é que o Euristeu que nos é descrito ao longo de *Os Heraclidas* não é o mesmo que vamos encontrar no desfecho do drama.

Muito embora apareça só no final, a figura do rei argivo está presente no espírito dos espectadores durante todo o tempo. Conhecemo-lo pelas acusações dos Heraclidas fugitivos, pela jactância do seu arauto e pela imagem de cobardia patente no relato do Mensageiro. Euristeu é-nos descrito como um monarca insensato[68], tirano[69], insolente, violento, rude e frouxo[70]. E é esta criatura abjecta e desprezível que julgamos ter na nossa frente quando, no êxodo da peça, o chefe de Argos entra, acorrentado, em cena. Silencioso durante algum tempo, ele decide-se a falar quando vê Alcmena determinada a matá-lo. Para espanto nosso, todavia, as suas palavras revelam um ser profundamente humano, com uma grande intensidade psicológica, um indivíduo que viveu uma existência inquieta e atormentada e que agora, diante da morte, manifesta uma força de espírito incomum e uma profunda dignidade viril.

---

[67] É curiosa a justificação que AVERY (1971: 558) dá para este facto. Lembra o estudioso que Euristeu é contemporâneo de Héracles e que, desta forma, não pertence nem à geração de Alcmena, esquecida do ideal de vida do herói, nem à geração de Macária, Hilo, Demofonte e Iolau, seguidora do seu exemplo virtuoso.

[68] Cf. v. 360.

[69] Cf. v. 361. Implícito está, desde o início, o contraste entre Demofonte e Euristeu: o soberano democrático, defensor da justiça, opõe-se ao chefe tirano, que governa pela força.

[70] Estes quatro últimos defeitos são exemplificados, respectivamente, nos vv. 18, 456-457; 925; 458; 744, 813-817.

Os dois discursos que profere deixam perpassar o mesmo tom nobre e elevado. O homem que demonstrara uma enorme frouxidão ao recusar o desafio de Hilo[71] está agora preocupado em afastar de si qualquer suspeita de cobardia[72]. Sereno e corajoso, ele não se mostra consternado por deixar a vida. E é com convicção e fazendo uso de uma grande capacidade argumentativa que o soberano vai justificar os seus actos de imoralidade – ele agiu instigado pelo medo e em prol da sua segurança pessoal[73]. Capaz de reconhecer as qualidades da cidade adversária[74], capaz até de elogiar o seu pior inimigo[75], Euristeu é agora uma figura que merece a nossa simpatia[76]. E a própria Atenas terá motivos para lhe chamar *gennaios*[77], já que ele, depois de morto, há-de tornar--se o sagrado protector daquela cidade.

Quando ainda há pouco comparávamos as atitudes de Alcmena às do chefe argivo, é evidente que tínhamos em mente o soberano poderoso e violento que nos foi sendo descrito ao longo da peça e que, tal como a anciã, é a imagem perfeita do abuso de poder. O carácter sensato e generoso do Euristeu do final de *Os Heraclidas* aproxima-o, pelo contrário, das figuras a que podemos chamar 'positivas'. O monarca vencido tem mesmo alguns pontos de ligação com a ilustre filha de Héracles, na medida em que ambos acabam por ser salvadores de uma cidade que lhes é estrangeira – Atenas. As suas mortes são diferentes, é certo, mas tanto uma

---

[71] Alguns críticos não vêem nesta atitude de Euristeu um acto de cobardia da sua parte. É que – lembram-nos eles – Hilo é novo e forte, enquanto o chefe argivo há-de ser ainda mais velho do que o decrépito Iolau. *Vide* ZUNTZ (1955: 35) e DEVEREUX (1971: 177). Não nos devemos, no entanto, esquecer que nesta peça o dramaturgo não é coerente quanto às idades das suas personagens (cf. *supra*, n. 29) e que a presumível velhice de Euristeu nem sequer é referida.

[72] Cf. vv. 984-985.

[73] Cf. vv. 996 e 1004. ZUNTZ (1955: 35) analisa o carácter de Euristeu de forma muito interessante, pondo a ênfase no medo, esse sentimento ameaçador que, na opinião do helenista, constituiu a força motriz da vida do monarca.

[74] Cf. v. 1012.

[75] Cf. vv. 997-999.

[76] *Vide*, a este propósito, McLEAN (1934: 213).

[77] Cf. v. 1015.

como outra funcionam como forma de pagamento de uma dívida de gratidão para com aquela cidade e ambas garantem a segurança futura dos Atenienses.

Às portas da morte, Euristeu tenta redimir-se de toda uma existência ignóbil e sacrílega. E se é verdade que o nobre comportamento que manifesta no final da peça vai atenuar um pouco a sua imagem negativa, nem por isso, todavia, podemos deixar de senti-lo como uma das figuras mais contraproducentes de *Os Heraclidas*.

Semelhante ao desprezível rei de Argos é, sem dúvida, **Copreu**, o seu arauto[78]. O carácter desta personagem fica bem definido logo após as suas primeiras intervenções. Violento e impiedoso[79], arrogante e ameaçador, este *alter ego* de Euristeu é, de facto, uma «criatura odiosa», como lhe chama Iolau[80].

Porque o seu único objectivo é cumprir as ordens do seu senhor e levar os Heraclidas fugitivos de volta para Argos, Copreu passa depressa das palavras aos actos. Estamos realmente diante de um indivíduo para quem agir é mais importante do que falar, o que, em boa verdade, não é habitual num arauto[81]. Em todo o caso, quando Demofonte se mostra disposto a ouvi-lo[82], ele não perde a oportunidade de expor as suas razões e, numa longa e calorosa

---

[78] Como é usual acontecer com as figuras dos arautos, também o nome deste enviado de Euristeu não aparece no texto dramático. Mas este facto não nos impede de saber exactamente quem temos à nossa frente. É que as palavras que lhe dirige Iolau nos vv. 52-54, assim como o seu próprio modo de actuar durante todo o tempo em que está em cena (vv. 55-283), deixam bem claro que estamos diante de Copreu, o inimigo tradicional de Héracles.

[79] AÉLION (1983, vol. 2: 30) chama a nossa atenção para o facto de o próprio vocabulário utilizado nas cenas em que intervém o arauto argivo contribuir largamente para sublinhar a violência e a impiedade desta figura.

[80] V. 52.

[81] DESERTO (1998: 37-42) explica que Eurípides fez uso de um arauto atípico, um arauto que age mais do que fala, com o objectivo de conferir ritmo e vivacidade à peça, numa aposta de movimentação cénica, tão do seu agrado. Sobre a tendência do dramaturgo para a espectacularidade teatral, cf. *supra*, p. 75.

[82] Cf. v. 132.

rhesis[83], vai dar provas de uma formidável habilidade argumentativa. Este discurso vem acrescentar muito pouco ao que já sabíamos a respeito da índole de Copreu. Coerente consigo mesmo e com a sua esfera de valores, as palavras que profere decorrem naturalmente das suas acções e, nesse sentido, permitem apenas vincar os traços de carácter já antes evidenciados.

O arauto de Euristeu não é a única personagem de *Os Heraclidas* em situação subordinada. Do elenco da peça fazem ainda parte o Servo de Hilo e o escravo de Alcmena[84], este último no papel de Mensageiro.

O **Servo** do filho de Héracles tem uma presença bastante vincada e um perfil muito bem delineado para uma figura do seu estatuto. A sua característica mais notória é talvez o bom senso, a capacidade de bem ajuizar nas várias situações que se lhe deparam. Aliada a um forte realismo, esta sua sensatez vai contrastar claramente com a louca imprudência de um Iolau decaído[85] ou de uma Alcmena vingativa[86]. Mas o enviado de Hilo não é apenas um indivíduo circunspecto e racional. Ele é ainda uma figura simpática, prestável e bem-disposta[87], muito embora o apurado sentido de humor que evidencia deslize algumas vezes para um tom levemente escarnecedor[88]. Por outro lado, e tal como o arauto de Euristeu, também ele se revela um súbdito dedicado aos seus chefes e à causa por eles defendida[89].

---

[83] Vv. 134-178.

[84] Sobre a problemática da identidade destas duas figuras servis, cf. *supra*, p. 58, n. 51.

O estatuto social destas duas personagens é, certamente, diferente, na medida em que aquele a quem temos vindo a chamar 'servo' (por não encontrarmos uma tradução mais adequada) não desempenha na peça as funções de um escravo, aproximando-se muito mais da figura do 'escudeiro' da história medieval.

[85] Cf. vv. 680-694.

[86] Cf. vv. 961-974.

[87] Estas duas últimas qualidades são exemplificadas, respectivamente, nos vv. 725 e 729.

[88] Cf. vv. 735 e 739.

[89] Cf. vv. 678-679 e 737.

O **Mensageiro** é uma figura muito mais apagada do que o Servo ou o arauto de Euristeu. Conhecemo-lo apenas pelo relato que faz da vitória ateniense na batalha contra os Argivos[90], e, desta forma, pouco mais nos é possível avaliar do que a clareza e o vigor que imprime às suas palavras. Com efeito, limitando-se a contar objectivamente o que viu ou o que lhe foi relatado por terceiros, o escravo de Alcmena não encontra espaço para desvendar a sua personalidade[91].

Não podemos terminar este estudo das várias personagens de *Os Heraclidas* sem antes tecermos algumas breves considerações sobre a actuação do **Coro**, figura obrigatória em qualquer tragédia[92].

Diz Aristóteles na sua *Poética*[93]: "O Coro deve considerar-se como um dos actores, como parte do conjunto, que toma parte na acção, não como em Eurípides, mas como em Sófocles". Do Coro de anciãos de Maratona podemos afirmar que não incorre nesta famosa censura aristotélica. Basta, de facto, atentarmos na análise da peça apresentada para percebermos que em *Os Heraclidas* as intervenções corais estão intimamente ligadas à acção dramática.

Constituído por cidadãos atenienses, é natural que o Coro se preocupe com o bem-estar da sua pátria e que, por conseguinte, mostre um vivo interesse pessoal pelo que se está a passar, acabando por interferir, de forma directa, nos acontecimentos. Efectivamente, ao contrário do que se verifica na maioria das tragédias euripidianas, este Coro não se limita a aconselhar, a fazer comentários, a dar informações e a entoar cânticos de júbilo ou de lamentação. Ele vai mais longe – ele intervém activamente na acção quando necessário. Se não, vejamos: no início da peça, antes

---

[90] Cf. vv. 799-866.

[91] Como bem observou BARLOW (1971: 61, n. 1): "a participação do mensageiro nos acontecimentos que descreve não é considerável, e mesmo quando realmente participa, o seu papel não influencia a objectividade e o alcance do seu relato".

[92] GRUBE (1941: 99-126) apresenta um bom estudo sobre a figura do Coro no drama euripidiano em geral. Para uma análise sistemática da personalidade e funções do Coro neste mesmo tragediógrafo, *vide* HOSE, M., *Studien zum Chor bei Euripides* (Stuttgart, 1990-1991, 2 vols).

[93] 1456 a. Apresentamos a tradução de ROCHA PEREIRA, M. H. (1995: 421).

da chegada de Demofonte, é o Coro que repreende a atitude de violência de Copreu[94]; um pouco mais tarde, é ele que impede o rei ateniense de bater no arauto argivo[95]; no final, é ainda o grupo de anciãos que vai anuir ao desejo de Alcmena de matar Euristeu[96].

Se considerarmos as próprias odes corais de *Os Heraclidas,* vemos como também elas tendem a relacionar-se estreitamente com o desenvolvimento da acção. Concisos e dinâmicos – assim como toda a tragédia —, os cantos do Coro referem-se aos acontecimentos precedentes e antecipam o que será o futuro. Os próprios momentos de reflexão, nesta peça reduzidos ao mínimo, vêm sempre no seguimento lógico de algum evento particular[97].

Já vimos como, juntamente com Demofonte, o Coro de anciãos representa a Atenas cumpridora do *nomos* e piedosa para com os suplicantes. Este facto é uma evidência ao longo de toda a tragédia[98]. Na verdade, o perfil do Coro que nos vai sendo traçado não é mais do que o reflexo das elevadas virtudes de Atenas e das convicções idealistas do seu soberano. No êxodo da peça, todavia, quando nada o fazia prever, esse mesmo representante da cidade justa e defensora da lei vai ser capaz de uma atitude imoral, ilícita e repulsiva, ao consentir na morte de um prisioneiro capturado na guerra.

---

[94] Cf. vv. 101-104; 111-113.

[95] Cf. vv. 271 e 273.

[96] Cf. vv. 1053-1055.

[97] Cf. vv. 608-617.

[98] Cf., a título de exemplo, vv. 107-108; 353-380; 759-769.

6. O SENTIDO DA PEÇA

Tanto na análise das várias partes da peça, como no estudo das figuras que a integram, fomos tocando de perto na magna questão que consiste em determinar qual o sentido último de *Os Heraclidas*. É pois chegado o momento de nos debruçarmos um pouco sobre este assunto que, tal como é de prever, está muito longe de ser consensual.

Que esta obra constitui um dos exemplos mais declarados do teatro político em Eurípides[1], essa é uma convicção unânime. Mas quando se trata de decifrar de que forma o poeta converteu a matéria política em substância dramática, aí as opiniões dos especialistas divergem bastante. De um modo muito geral, podemos dizer que, a este respeito, a crítica segue duas tendências: de um lado estão aqueles que entendem a peça como um simples elogio da gloriosa Atenas e que, por conseguinte, não conseguem encontrar explicação para a sua cena final; de outro, estão os que reagem contra uma interpretação tão linear e tentam dar um sentido lógico ao êxodo desconcertante e pessimista da composição em causa.

[1] A par de *As Suplicantes, Os Heraclidas* é a tragédia mais estudada deste ponto de vista. As duas obras podem ser facilmente aproximadas, e é usual aparecerem mencionadas pelo designativo comum de 'peças políticas de Eurípides'. Para um estudo comparado destas duas tragédias de conteúdo semelhante, *vide* BLAIKLOCK (1952: 53-73), o excelente livro de ZUNTZ (1955), POHLENZ (1961: 405-418) e FITTON (1961), só para citar alguns nomes.

Remonta aos inícios do séc. XIX – e a Schlegel – a avaliação de *Os Heraclidas* como uma drama exclusivamente patriótico, vinculado às circunstâncias particulares de um momento histórico e, por outro lado, como uma peça menor, com falhas graves ao nível da coesão estrutural, aspecto elementar em qualquer obra de arte[2]. Este juízo, que vai estar na base de todos os estudos posteriores da tragédia, há-de entrar, incólume, no nosso século, e ainda hoje continua a ter seguidores entre alguns dos mais distintos helenistas.

Méridier[3] é um dos que vêem *Os Heraclidas* como uma mera obra de circunstância, escrita à pressa para um momento muito preciso – facto que, em certa medida, explicaria a brusquidão e a incongruência do seu desfecho.

Também McLean[4] segue a interpretação tradicional da peça, colocando-a ao lado de *As Suplicantes* como um 'encómio de Atenas' e acentuando o idealismo arrebatado que por ela perpassa. Ao reconhecer que a cena final não se enquadra nesta sua avaliação positiva da obra, o estudioso não consegue fazer melhor do que supor que o fim da tragédia se perdeu e que o texto que chegou até nós é o resultado de uma extensa e irremediável lacuna.

Outra teoria que importa referir é a de Grube[5]. Diz-nos este especialista que, ao escrever *Os Heraclidas,* Eurípides pretendia glorificar Atenas numa altura de crise, mas que o resultado obtido foi pouco perfeito, pois o dramaturgo não trabalhou as várias partes da tragédia de forma conveniente. Ouçamos, a título de exemplo, o seu comentário relativamente ao aproveitamento da figura de Euristeu: "A história parece exigir um tirano cobarde, de início, e alguém suficientemente nobre para abençoar Atenas, no final. Mas as duas peças não encaixam"[6].

---

[2] Esta reputação negativa de *Os Heraclidas* vai, naturalmente, influenciar a crítica textual, contribuindo, em larga escala, para o levantamento das suspeitas de mutilação da tragédia. Sobre este assunto, cf. o capítulo que dedicámos à 'transmissão da peça'.

[3] MÉRIDIER (1925: 194).

[4] McLEAN (1934).

[5] GRUBE (1941: 37, 166, 175-176).

[6] GRUBE (1941: 176).

Esta tentativa – quanto a nós, desesperada – de justificar o difícil êxodo da obra com a inépcia ou falta de cuidado do poeta, implícita já na teoria de Méridier e desenvolvida depois por Grube (entre outros), há-de continuar a ser um dos lugares-comuns da crítica. Goossens[7], por exemplo, para quem *Os Heraclidas* é o resultado de uma necessidade urgente de reavivar o optimismo patriótico dos Atenienses numa circunstância de guerra muito precisa, alega que a conclusão desconcertante da peça é uma prova de que Eurípides ainda não estava à vontade no seu papel de propagandista nacional.

Poderíamos mencionar muitos outros estudiosos defensores da interpretação tradicional do nosso drama. O pequeno número que referimos é, no entanto, suficiente para compreendermos que uma tal análise não é satisfatória, uma vez que deixa de fora a cena final, parte da tragédia que considera gravemente mutilada ou, na melhor das hipóteses, composta de forma irreflectida. Porque nenhuma destas duas soluções se nos afigura verosímil, pensamos que o mais sensato será esforçarmo-nos por explicar *Os Heraclidas* na sua globalidade, o que obviamente implicará a atribuição de um sentido dramático aos seus versos conclusivos.

Vários foram já os helenistas que se empenharam nesta árdua tarefa, uns mais bem sucedidos do que outros, como seria de esperar. Não nos parece, todavia, que haja sido possível que uma teoria se imponha sobre as demais.

Segundo o que nos é dado observar, aquela que tem tido a mais larga audiência é a de Zuntz[8]. De acordo com este estudioso, a simples elevação do sentimento patriótico não esgota o propósito de *Os Heraclidas*. É que, em seu entender, a obra não é uma glorificação da Atenas de Eurípides, mas sim de uma Atenas idealizada, que os contemporâneos do poeta devem esforçar-se por igualar, e, nesse sentido, funciona mais como uma intimação do que como um louvor. E mesmo que os ouvintes não se apercebessem do repto implícito nos primeiros episódios[9], a última

---

[7] GOOSSENS (1962: 190, 202).

[8] ZUNTZ (1955: 26-54).

[9] O que o estudioso considera improvável. *Vide* ZUNTZ (1955: 41): "Seria possível que um Ateniense de 430 a.C. sentisse que a sua cidade e ele próprio cumpriam os ideais proclamados pelo Coro, Demofonte, Iolau e Macária?".

cena da peça, com o seu espectáculo imoral protagonizado não só por Alcmena mas também pelo Coro de anciãos atenienses, chamá-los-ia, com toda a certeza, à realidade. Ao escrever *Os Heraclidas*, o principal objectivo do dramaturgo seria, pois, na opinião de Zuntz, mostrar aos seus concidadãos que, para que Atenas fosse bem sucedida, havia necessidade de um forte empenho de todos na defesa dos mais altos valores morais que, por tradição, eram apanágio daquela cidade. O desfecho da tragédia não seria mais do que a confirmação final *per negationem* desta mesma ideia.

É inegável o mérito da interpretação de *Os Heraclidas* avançada por Zuntz. No entanto, porque estamos num terreno muito propício à censura, também esta exegese tem sido alvo de algumas críticas, dentre as quais há uma que julgamos importante referir pela sua pertinência. Alega Burian[10] que Alcmena, Euristeu e o Coro são personagens dramáticas e que, na verdade, Zuntz analisou-as como tal. Todavia, ao considerar as suas palavras e acções finais como uma simples ilustração da distância que Atenas tem de percorrer ainda para alcançar o seu ideal, o estudioso está a fazer do desfecho da obra um epílogo separado de toda a acção anterior e, por conseguinte, a reduzir o drama a uma série de abstracções, afastando-se assim da própria análise que antes propusera.

Contemporânea da tese de Zuntz é a interpretação apresentada por Garzya[11], helenista que vai optar por acentuar o significado moral de *Os Heraclidas*. Na sua opinião, o sentido último da peça reside na sua explicação da vida como um conflito entre *hybris* e *sophrosyne*. O objectivo do poeta terá sido, em seu entender, dar uma lição de moderação, chamando Atenas à realidade do seu tempo e mostrando-lhe que pouco ou nada resta já do seu glorioso passado mítico. Nesta mesma linha de pensamento, o estudioso entende a cena final como um confronto entre a personificação da *hybris* (Alcmena) e um modelo de *sophrosyne* (Euristeu).

Algumas imperfeições podem ser apontadas ao trabalho desenvolvido por Garzya. Como se explica, por exemplo, que, a respeito da atitude final de Alcmena, o estudioso comente que "o dramaturgo procedeu um pouco *ex abrupto* e preparou o conjunto de modo um tanto rudimentar; por conseguinte, a figura de

[10] BURIAN (1977: 3).
[11] GARZYA (1956).

Alcmena tem algo de artificial, de falso"[12], e que, mais adiante, a propósito da mudança de Euristeu, alegue que "a passagem parece normal e aceitável"[13]? Por outro lado, não podemos deixar de concordar com Burian quando ele afirma que a explicação do desfecho da tragédia apresentada por Garzya não soluciona a difícil questão da estrutura da peça[14].

Mais recentemente, várias outras propostas de interpretação de *Os Heraclidas* têm sido alvitradas[15]. Debruçar-nos-emos, no entanto, apenas sobre aquelas que, em nosso entender, merecem um maior destaque.

Guerrini[16] é um dos especialistas cuja tese, embora discutível, nos parece importante considerar. Retomando algumas das ideias de Zuntz, mas sugerindo uma nova perspectiva de análise, o estudo deste autor tem sobretudo o mérito de expor com uma clareza invulgar um assunto tão complexo como o que nos detém. A teoria de Guerrini assenta na defesa de que a tragédia em causa não só ilustra o contraste entre o *nomos* proclamado e a realidade contigente, entre o mundo ideal e as exigências da política, como ainda documenta a crise dos valores tradicionais proclamados pelas personagens 'positivas' que a integram. É que, segundo o estudioso, o tom que atravessa *Os Heraclidas* não é tão optimista como geralmente se apregoa, e qualquer espectador mais atento descobre as insinuações negativas que estão espalhadas pela obra e que prenunciam o comportamento de Atenas na cena final. No seguimento deste raciocínio, Guerrini vai alegar que os últimos versos não contrastam com o resto da peça, já que as alusões à realidade contemporânea, presentes ao longo do drama, encontram-se imersas numa perspectiva ideologicamente incerta.

---

[12] GARZYA (1956: 30).

[13] GARZYA (1956: 32).

[14] BURIAN (1977: 3, n. 11).

[15] *Vide* CONACHER (1967: 111-120), para quem a troca de *charis* («benefícios») é o tema principal da peça, mas que, ao tomar consciência de que esta interpretação não explica a cena final, acaba por aceitar a tese de Zuntz, ao mesmo tempo que deixa aberta a possibilidade de que os últimos versos estejam seriamente mutilados. *Vide* ainda AVERY (1971) e BURNETT (1976), dois estudos que primam pela originalidade mas que, quanto a nós, são muito pouco convincentes.

[16] GUERRINI (1972).

Se bem que nos afastemos desta análise de *Os Heraclidas*[17], na medida em que consideramos que o idealismo presente na obra não deve ser posto em causa e que a tensa relação entre a cena final e o resto da peça é um facto inegável, temos, contudo, de admitir que a tese de Guerrini está bem elaborada e que dificilmente poderá ser acusada de falta de coerência.

Igualmente bem construída está a recente exegese apresentada por Burian[18]. Empenhado em reabilitar *Os Heraclidas* como obra de arte, o autor vai defender a teoria de que o interesse da peça advém precisamente da chocante cena final, que tantas dificuldades tem levantado à crítica. Sem os últimos versos, aí sim, a tragédia seria uma manifestação patriótica de pouca relevância. É que, de acordo com o estudioso, o sentido da peça está contido no seu desconcertante desfecho, cuja função não é mais do que "corrigir (...) a orientação da acção principal"[19]. Na sua perspectiva, os versos 1-927 são a representação de um ideal de justa conduta, de uma atitude moral superior que prevalece sobre as mais duras contrariedades da vida – violência, medo, ameaças de guerra, debilidade física, entre outras. A mudança operada nos versos 928--1055 é a necessária revisão daquele elementar conceito de justiça. Burian explica que "a *dike* com que *Os Heraclidas* termina não é a justiça simples do início da tragédia. Tornou-se um amargo e aparentemente interminável ciclo de vingança"[20]. E a unidade da peça resulta, em seu entender, dessa inevitável correcção de um idealismo demasiado esquemático. Embora consciente de que não é uma unidade confortável, o estudioso acredita, todavia, que estamos diante de uma ousada experiência dramática do poeta.

---

[17] Só para darmos um exemplo da sua argumentação, GUERRINI (1977: 59) alega que Demofonte não é uma figura heróica, na medida em que a sua virtude, apesar de muito proclamada, nunca se torna uma realidade. Cf. *supra*, pp. 76--78.

[18] BURIAN (1977).

[19] BURIAN (1977: 4).

[20] BURIAN (1977: 20).

Não podemos negar a originalidade e a pertinência da tese de Burian. No entanto, segundo nos parece, ela revela-se incapaz de explicar toda a complexidade de *Os Heraclidas*, na medida em que, ao pretender reavaliar a obra em termos artísticos, acaba por deixar de lado a problemática política em que ela se insere.

Enumerámos as interpretações mais importantes ou mais recentes do drama, procurando, desse modo, esboçar as linhas gerais de um problema que permanece sempre em aberto, como é o da determinação do sentido último de uma obra literária. Não queríamos, porém, terminar sem antes adiantarmos, em breves palavras, as linhas gerais que, a este respeito, nos norteiam.

Muito embora reconheçamos que em *Os Heraclidas* não temos Eurípides no seu melhor, não podemos, todavia, concordar com os estudiosos que vêem na peça falhas graves ao nível de construção. É que, em nosso entender, a estrutura da obra encontra-se ao serviço da mensagem que o tragediógrafo quer fazer passar, e esta, porque desconcertante, não permite uma unidade efectiva. Dentro desta perspectiva, o poeta só será acusado de negligência por aqueles que não conseguirem alcançar o intrincado sentido do drama.

Ora, segundo nos parece, ao compor *Os Heraclidas,* o objectivo último de Eurípides terá sido colocar os Atenienses perante duas imagens antagónicas da sua cidade, procurando assim consciencializá-los da crise de valores em que se encontravam. No corpo da peça, o dramaturgo recorda o papel glorioso de Atenas numa das grandes acções do seu passado mítico. O tom é claramente patriótico e optimista, e tudo leva a crer que a obra se confina a um simples elogio de uma cidade íntegra e generosa. No final, porém, a elevada lição de justiça que a tragédia parecia oferecer é completamente eliminada. Confrontados com uma Atenas cujo comportamento não tem nada de heróico e, pelo contrário, determina a derrota do *nomos*, os ouvintes são então obrigados a concluir que a primeira parte da obra não passa de uma idealização. Na verdade, a cidade que conhecem identifica-se muito mais com este perfil final negativo do que com a imagem de nobreza que o poeta vinha delineando.

Porque funciona como uma metáfora da desordem vigente em Atenas, a conclusão da peça tem obrigatoriamente de ser desconcertante e atordoadora. Não é pois de estranhar que, nos últimos versos, os papéis apareçam trocados e os valores invertidos: Alcmena, antes perseguida, passa a perseguidora, e o não cumprimento da lei que contra ela fora usado, usa-o agora a anciã contra o adversário; Euristeu, por seu lado, torna-se um digno protector da cidade inimiga[21]; o Coro de anciãos, honrado representante da justiça, acaba por aprovar um acto ilegítimo; e os descendentes dos nobres filhos de Héracles – prediz Euristeu – hão-de tornar-se ingratos invasores da benévola Atenas.

No seguimento deste raciocínio, parece-nos razoável concluir que, em *Os Heraclidas,* a ideia sobrepõe-se claramente à forma. Se Eurípides está empenhado em fazer passar uma mensagem, e esta implica duas perspectivas de abordagem contrastantes, o mais natural é que a tragédia seja composta por dois quadros distintos. É certo que este não é o modo de composição que viria a ser preconizado por Aristóteles[22]; não obstante, porém, julgamos ser lícito afirmar que, tendo em conta o objectivo do dramaturgo, a obra está bem construída.

---

[21] Tradicionalmente, como já vimos (cf. *supra,* pp. 40-41), o rei argivo morria na batalha. Eurípides tê-lo-á deixado com vida por dois motivos: primeiro, porque tinha necessidade de apontá-lo como exemplo da já referida inversão de valores; depois, porque as suas palavras proféticas eram essenciais para a acentuação do tom perturbante do final da peça.

[22] Cf. *Po.* 1451a 16-35.

OS HERACLIDAS

TRADUÇÃO

ARGUMENTO DE *OS HERACLIDAS*

Iolau era filho de Íficles e sobrinho de Héracles. Durante a juventude foi companheiro de armas do tio e na velhice dispôs-se a ser o benévolo defensor dos seus filhos. Na verdade, depois de as crianças terem sido expulsas de todo o solo por Euristeu, Iolau veio com elas para Atenas e, ali mesmo, refugiando-se junto dos deuses, encontrou a segurança da cidade governada por Demofonte. Quando Copreu, o arauto de Euristeu, quis arrastar os suplicantes à força, o rei impediu-o. O arauto partiu com ameaças de guerra, facto que pouco preocupou Demofonte. Contudo viu-se numa grave situação com as respostas de um oráculo que lhe davam a vitória se ele sacrificasse a Deméter a donzela mais nobre. É que não considerava justo condenar à morte, por causa dos suplicantes, nem a própria filha nem a de um qualquer cidadão. Porém, ao ter conhecimento prévio do oráculo, Macária, uma das filhas de Héracles, apresentou-se voluntariamente para morrer. Prestaram honras a esta morte sublime e eles mesmos, informados da presença dos inimigos, lançaram-se ao combate...

FIGURAS DO DRAMA

Iolau
Copreu
Coro
Demofonte
Jovem Macária
Servo
Alcmena
Mensageiro
Euristeu

Iolau diz o prólogo.

(A acção decorre diante do Templo de Zeus em Maratona. Em cena, sentado nos degraus do altar do deus, encontra-se o velho Iolau acompanhado dos filhos mais pequenos de Héracles. Sobre o altar estão pousados ramos de suplicantes.)

IOLAU

Desde há muito que penso que o homem justo[1] vem ao mundo para servir os outros, enquanto aquele que se deixa levar pelo desejo de lucro, sendo prejudicial à cidade e de convívio difícil nas suas relações, só para si mesmo tem valor. Sei que é assim, e não é por ouvir dizer. 5

Na verdade, por respeito e por reverência pelos laços de sangue[2], podendo eu viver tranquilamente em Argos, tomei, sozinho, parte em numerosos trabalhos ao lado de Héracles, quando ele ainda era vivo. Agora, que habita no céu, protejo estes seus 10 filhos[3] debaixo das minhas asas, embora eu mesmo precise de quem me salve. É que, quando Héracles deixou a terra, logo Euristeu[4] nos quis eliminar. Mas nós fugimos, e se é certo que não temos cidade, ao menos salvámos a vida. Como vagabundos, 15 erramos de terra em terra, à medida que nos expulsam. Além de outros males, Euristeu pretendeu ultrajar-nos desta forma: onde quer que ele saiba que nós paramos, envia os seus arautos, reclama- 20

25 30 35 40 45 50 55

-nos e faz-nos sair daquele solo, clamando que a amizade ou a inimizade da cidade de Argos não é uma questão de somenos importância e, ao mesmo tempo, que é uma pessoa bem sucedida. Eles, ao verem a minha fraqueza e estes pequenitos privados de pai, respeitam os mais fortes e expulsam-nos da sua terra. Eu fujo com as crianças fugitivas, e assim me associo ao infortúnio dos infortunados[5]. Temo traí-los, não vá alguém dizer: "Vejam! Os meninos perderam o pai, e Iolau, que é seu parente, não lhes presta auxílio."

Banidos que fomos de toda a Grécia, chegamos a Maratona e às suas cercanias[6], e, suplicantes, sentamo-nos no altar dos deuses pedindo-lhes ajuda. É que se diz que as planuras desta terra são governadas por dois filhos de Teseu que, dentre os descendentes de Pandíon[7], as obtiveram por sorte. Ora, eles são parentes destas crianças[8]. Foi por isso que viemos para os limites da ilustre Atenas, numa fuga comandada por dois velhos: eu, por um lado, zelo por estes rapazes, enquanto Alcmena toma nos braços a descendência feminina do filho, guardando-a dentro deste santuário. É que receamos deixar virgens tão novas diante do altar, expostas à gente do povo. Já Hilo e os seus irmãos mais velhos andam à procura de um refúgio onde nos havemos de instalar, no caso de sermos repelidos à força deste solo.

(Ao longe, avista-se o arauto de Euristeu)

Ó meus filhos, ó meus filhos, venham para aqui! Agarrem-se às minhas vestes! Vejo avançar contra nós o arauto de Euristeu[9], aquele que nos persegue e nos faz andar de coração apertado, privados de qualquer bocado de terra.

(Entra o arauto)

Ó odiosa criatura, quem dera que morresses juntamente com o que te enviou, pelas inúmeras desgraças que já anunciaste, dessa mesma boca, ao nobre pai destas crianças!

ARAUTO

Tu julgas, certamente, que encontraste um assento perfeito por teres chegado a uma cidade aliada. Estás bem enganado! É que não há ninguém que prefira a Euristeu a tua força irrisória. Mexe-te! Para quê tanto esforço? Estás destinado a voltar a Argos, onde te espera uma sentença de lapidação. 60

IOLAU

Não, não vou. Bastar-me-á o altar do deus[10] e a terra livre a que chegámos.

ARAUTO

Queres pois dar trabalho a este meu punho?

IOLAU

Por certo não nos arrastarás à força, nem a mim nem às crianças!

ARAUTO *(tentando agarrá-los)*

Já vais ver como não foste bom profeta. 65

IOLAU

Não! Enquanto eu for vivo, isso não vai acontecer.

ARAUTO *(atirando o velho Iolau ao chão[11])*

Desaparece! *(Apontando para os meninos)* A estes, quer queiras quer não, vou levá-los, porque os considero propriedade de Euristeu.

IOLAU

70 Ó vós que já há muito habitais Atenas, ajudai-me! Nós, suplicantes de Zeus *Agoraios*[12], somos maltratados e os nossos ramos são desrespeitados[13]. É uma injúria para a cidade e um desprezo pelos deuses.

(Entra o Coro, formado por anciãos de Maratona)

CORO

Oh! Oh! Que grito acaba de se erguer perto do altar? Que desgraça nos irá revelar em breve?
75 Vejam este débil ancião prostrado por terra. Oh! Infortunado!
< >[14]
Quem te provocou essa queda deplorável no solo?

IOLAU *(apontando para o arauto)*

Este homem que aqui está, ó estrangeiros, que, sem consideração pelos teus[15] deuses, me arranca com violência do altar[16] de Zeus.

CORO

80 Mas tu, ó ancião, de que terra vieste para o povo da Tetrápole? Ou será que vós abandonastes a costa de Eubeia[17] e aportastes aqui com a ajuda do remo marinho?

IOLAU

Não é como ilhéu[18], ó estrangeiros, que levo a minha vida. É
85 de Micenas[19] que nós acabamos de chegar à tua pátria.

CORO

Qual era o nome que te dava, ó ancião, a gente de Micenas?

IOLAU

Vós provavelmente conheceis o braço-direito de Héracles – Iolau. É que este corpo não é falto de glória.

CORO

Conheço-o; já antes ouvi falar dele. Mas de quem são esses pequenos que tens ao teu cuidado[20]? Fala. 90

IOLAU

Estes, ó estrangeiros, são os filhos de Héracles. Vieram suplicar-te protecção, a ti e ao teu país.

CORO

De que precisam? Porventura, diz-me, desejam eles entrar em conversações com a cidade? 95

IOLAU

Eles não querem ser abandonados nem partir para Argos, separados à força dos teus deuses[21].

ARAUTO

Mas esses argumentos não serão suficientes para os teus senhores, que têm poder sobre ti e aqui te encontram. 100

CORO *(ao arauto)*

Devem respeitar-se os suplicantes dos deuses, estrangeiro, e não os obrigar, pela violência, a abandonar os assentos das divindades. A Justiça soberana não o permitirá.

ARAUTO

105 Expulsa então do país estes indivíduos, que são pertença de Euristeu, e eu não farei uso da violência do meu braço.

CORO

É sacrílega a cidade que despreza a súplice invocação de estrangeiros.

ARAUTO

110 Mas também é bom ter o pé fora das dificuldades, e alcançar assim uma prudência superior.

<CORO>

< >
< >

<ARAUTO>

< >[22]

CORO

Porventura não devias ousar expor o assunto ao rei desta terra, e, em vez de arrebatares à força os estrangeiros de junto dos deuses, respeitares um solo que é livre?

ARAUTO

E quem é o soberano desta região e desta cidade?

CORO

Demofonte, filho de um nobre pai: Teseu. 115

ARAUTO

É portanto com ele que, antes de mais, vou debater este caso. Tudo o que se disse até agora foi em vão.

CORO

Olha! Ei-lo justamente que chega, à pressa, com o seu irmão Acamante. Vêm ouvir a nossa discussão.

(Entra Demofonte acompanhado de Acamante)

DEMOFONTE *(ao Coro)*

Já que, apesar de idoso, te adiantaste aos mais jovens e correste, 120 em tumulto, para este altar de Zeus, fala. Que acaso reúne esta multidão?

CORO

Estes suplicantes aqui sentados são filhos de Héracles. Eles puseram coroas no altar, como vês, senhor. Além deles, Iolau, o 125 fiel companheiro de seu pai.

DEMOFONTE

Qual é pois a causa destes gritos?

CORO *(apontando para o arauto)*

Este homem, ao querer arrastá-los à força para longe do altar que aqui está, suscitou o alarido e fez curvar os joelhos do ancião. A cena foi tal, que eu derramei lágrimas de compaixão.

DEMOFONTE *(observando atentamente o arauto)*

130 E contudo ele tem as vestes e o cair do manto à maneira grega[23], mas os seus actos são de um braço bárbaro. *(Ao arauto)* A palavra é tua, e sem tardança. Diz-me: para aqui chegares, de que país deixaste os limites?

ARAUTO

135 Sou Argivo, já que o desejas saber. Quero contar-te por que motivo e da parte de quem venho. Manda-me vir aqui Euristeu, rei de Micenas, para levar esta gente. E eu cheguei, ó estrangeiro, com legitimidade nos actos e nas palavras.

140 Na verdade, Argivo que sou, conduzo estes Argivos trânsfugas do meu país, a quem as leis de lá condenaram à morte. Ora nós, habitantes de uma cidade-estado, temos o direito de executar, contra nós mesmos, julgamentos soberanos. Pois bem, quando 145 eles chegaram aos lares de muitos outros povos, nós, com estes mesmos argumentos, permanecemos firmes na nossa posição, e ninguém ousou atrair as desgraças sobre a própria cabeça. Mas eles vieram para aqui; e das duas uma: ou perceberam em ti alguma demência ou, no seu desespero, atiram-se ao perigo, a ver se são bem sucedidos ou não[24].

< >

É que é provável que eles não esperem que tu, um homem sensato, sejas o único, dentre toda a Hélade que percorreram, a compadecer-se imprudentemente da sua situação. 150

Vê pois e compara. Ao admiti-los no teu solo ou deixando-nos levá-los, o que lucrarás tu? Da nossa parte, são estas as vantagens que podes obter: atrair para a tua cidade a imensa força de Argos e todo o poder de Euristeu. Porém, se atentas nas palavras e nos lamentos desta gente e te comoves, as armas hão-de decidir a questão[25]. É que não julgues que os abandonaremos sem lançar mão do ferro[26]. E tu, o que dirás então? De que terras foste afastado, de que pilhagens foste alvo para entrares em guerra com os Argivos? Em defesa de que aliados[27], em nome de que causa sepultarás os mortos que caírem? Certamente ganharás má fama junto dos cidadãos, se, por um velho, um túmulo – que a bem dizer já não é nada – e por estas crianças, te vais meter em dificuldades. 155 160 165

O mais que poderás dizer é só que se te depara uma esperança[28]; e isso é, de longe, inferior à situação actual[29]. Na verdade, quando estiverem no pleno vigor das suas forças, estes aqui *(apontando para as crianças)* dificilmente hão-de lutar contra as armas argivas, se é isso que te anima o espírito. E no intervalo haverá muito tempo em que podereis ser destruídos. Acredita pois em mim: conquista a confiança de Micenas sem ofereceres nada em troca, deixando-me apenas levar o que é meu. Não faças o que é vosso costume: escolher os piores amigos quando é possível optar pelos melhores. 170 175

CORO

Quem poderá julgar um debate ou decidir uma causa antes de conhecer claramente a versão das duas partes? 180

IOLAU

Senhor, já que este princípio existe na tua terra, eu, mais do que escutar, posso falar na minha vez. E antes disso ninguém me há-de repelir, como aconteceu noutros lugares.

185 Não há nada de comum entre nós e este indivíduo. Uma vez que, por sentença de um decreto, já não pertencemos a Argos e temos de fugir da pátria, de que modo poderá ele, com justiça, levar-nos como Micénicos, a nós, que eles expulsaram do seu
190 território? Estrangeiros é o que somos. *(Ao arauto)* Ou tendes vós como justo que qualquer um que seja banido de Argos, seja banido dos limites da Grécia? De Atenas seguramente não. Porque não é com medo dos Argivos que os Atenienses vão excluir do seu solo os filhos de Héracles. Isto aqui não é Tráquis[30] nem uma daquelas
195 cidades acaicas donde tu, injustamente, sublimando Argos como fazes ainda agora, expulsavas os suplicantes sentados nos altares. Se isso acontecer e eles decidirem a favor das tuas palavras, esta já não é a Atenas livre que eu conheço. Mas eu sei qual é o seu
200 propósito e a sua natureza – eles hão-de preferir a morte. Na verdade, entre os homens nobres, considera-se <mais>[31] a honra do que a vida.

(A Demofonte) No que respeita à cidade já se falou o suficiente. É que o louvor excessivo é fastidioso[32], e várias vezes eu mesmo
205 me vejo enfadado por me elogiarem em demasia. Mas já que governas esta terra, quero mostrar-te como é teu dever salvá-los. Piteu é filho de Pélops, e de Piteu nasceu Etra que deu à luz o teu pai Teseu. Pois bem, pelo caminho inverso[33], vou fazer com que remontes à origem destes aqui *(apontando para os filhos de*
210 *Héracles)*. Héracles era filho de Zeus e de Alcmena, e esta nasceu de uma filha de Pélops[34]. Poder-se-á dizer que o teu pai e o deles descendem de primos direitos.

Aqui estão os teus laços de sangue com estes pequenos, Demofonte. Todavia, parentesco à parte, é forçoso que pagues a
215 dívida que tens para com os meninos. Eu explico-te: outrora, quando eu era escudeiro do pai deles, naveguei com Teseu à procura do cinto fatal[35].

< >

< >

Além disso, foi ele que tirou o teu pai das funduras tenebrosas
220 do Hades[36]. Toda a Grécia é testemunha do feito. Estes pedem-te, em troca, a recompensa daqueles serviços – não querem ser abandonados nem arrancados à força dos teus deuses e postos fora deste solo. Na verdade, seria uma acção vergonhosa para ti, pessoalmente, assim como em relação à cidade, que suplicantes

da tua família e sem pouso fixo – ai de mim! olha, olha para eles, desgraçados! – fossem arrebatados com violência. 225

(Abraçando-se aos joelhos de Demofonte) Mas lançando ambos os braços em tua volta, eu te imploro pelas tuas barbas[37]: não recuses tomar em tuas mãos os filhos de Héracles. Sê o seu parente, sê o seu amigo, o seu pai, o seu irmão, o seu senhor! Tudo é melhor 230 do que cair sob o domínio dos Argivos.

CORO

Compadeci-me deles ao ouvir a sua história, senhor. Vi agora, como nunca, a nobreza de linhagem vencida pela fortuna. Certamente estes meninos nascidos de um pai insigne não merecem 235 ser infelizes.

DEMOFONTE *(erguendo Iolau)*

Três são os caminhos que se abrem à minha reflexão[38] e me obrigam a não desprezar as tuas palavras, Iolau. A mais importante é Zeus, em cujo altar tu estás sentado com este bando de criancinhas; depois são os vínculos de sangue e o antigo dever 240 que temos para com o pai destes meninos de sermos amáveis com eles; por fim, a infâmia, com a qual devemos preocupar-nos antes de mais. É que, se eu deixar que um estrangeiro despoje violentamente este altar, vai parecer que não habito uma terra livre 245 e que, por temor dos Argivos, atraiçoei os suplicantes. E isso levar-me-ia perto da forca[39].

Quem dera tivesses vindo em hora mais feliz! Mesmo assim não tenhas medo: ninguém te arrancará à força deste altar com as crianças.

(Ao arauto) Tu, ao chegares a Argos, di-lo a Euristeu. E 250 acrescenta que se ele acusa estes estrangeiros de alguma coisa, há-de obter julgamento. Porém, jamais os levarás contigo.

ARAUTO

Nem se for uma reivindicação justa e a minha causa for vitoriosa?

DEMOFONTE

E como pode ser justo arrastar o suplicante à força?

ARAUTO

255 Acaso não é para mim que o acto é vergonhoso, ao passo que tu não sofres qualquer prejuízo?

DEMOFONTE

Se eu te deixar arrastá-los será uma ignomínia para mim.

ARAUTO

Expulsa-os tu, então, e nós levá-los-emos depois.

DEMOFONTE

És ignorante por natureza se pensas mais alto do que o deus.

ARAUTO

Segundo me parece, é para aqui que os malvados devem fugir.

DEMOFONTE

A morada dos deuses é um refúgio comum a todos. 260

ARAUTO

Talvez os Micénicos não sejam dessa opinião.

DEMOFONTE

Porventura não sou eu o senhor destas terras?

ARAUTO

Se fores sensato e em nada injuriares os Argivos.

DEMOFONTE

Que sejam injuriados! Contanto que eu não desonre os deuses!

ARAUTO

Não quero que tu entres em guerra com os Argivos. 265

DEMOFONTE *(apontando para os suplicantes)*

Nem eu, mas não os abandonarei.

ARAUTO

Eu, seguramente, levarei comigo o que me pertence.

DEMOFONTE

Não será fácil regressares a Argos.

ARAUTO *(tentando agarrar as crianças)*

Depois de fazer a experiência saberei de imediato.

DEMOFONTE *(fazendo um gesto ameaçador)*

270 Toca-lhes e não tardarás a arrepender-te!

CORO

Pelos deuses, não te atrevas a bater num arauto[40]!

DEMOFONTE

Se o arauto não aprender a ser sensato!

CORO

(Ao arauto) Vai-te embora. *(A Demofonte)* E tu, senhor, não lhe toques.

ARAUTO

275 Eu vou, pois é débil a luta de um só braço. Mas voltarei aqui com o numeroso exército de Ares argivo, armado de bronze[41] dos pés à cabeça. Estão à minha espera milhares de soldados munidos de escudo, e Euristeu, o chefe dos estrategas, em pessoa. Ele permanece nos confins do território de Alcátoo[42] à espreita do que 280 se passa aqui. Ao ouvir a notícia da tua insolência, ele há-de

aparecer, vigoroso, perante ti e os teus cidadãos, perante esta terra e tudo o que nela se cria. É que debalde teremos em Argos muita juventude, se não nos vingarmos de ti.

(O arauto sai)

DEMOFONTE

Vai em má hora[43]! Eu não tenho medo da tua Argos. Mas daqui (285) não ias tu arrebatá-los à força, para descrédito meu. A cidade que eu senhoreio não é submissa aos Argivos, mas livre.

CORO

É tempo de pensar, antes que das nossas fronteiras se aproxime o exército argivo. Muito rápido é o Ares de Micenas, e neste caso (290) será certamente ainda mais do que antes. É que qualquer arauto tem o costume de ampliar os acontecimentos para o dobro. Imaginas tu as enormidades que ele vai contar aos soberanos: como (295) sofreu afrontas terríveis e como por pouco não lhe tiraram a vida[44]?

IOLAU

Não há para os filhos maior privilégio do que serem descendentes de um pai bom e honrado [e tomarem uma mulher de família ilustre. Mas aquele que, vencido pelo desejo, se une a (300) gente de baixa condição, não aprovarei eu que, por prazer, legue aos seus rebentos a má fama][45]. Porque a nobreza de origem defende-se melhor do infortúnio do que o comum dos homens. Na verdade, caídos na extrema infelicidade, nós encontrámos estes amigos e parentes que, dentre o imenso solo grego habitado, foram (305) os únicos que protegeram estes meninos. Dai-lhes a mão direita, filhos, dai-lhes! E vós também às crianças! Aproximai-vos!
(Aproximam-se e dão as mãos uns aos outros)

Ó filhos, nós aprendemos, pela experiência, a conhecer quem nos quer bem. E se alguma vez brilhar para vós o regresso à pátria (310) e viverdes na cidade e nas honras do vosso pai, <   >[46]

considerai-os sempre como salvadores e amigos. E – lembro-vos eu – nunca levanteis contra esta terra uma lança hostil, mas olhai
315 a cidade como a mais querida de todas. Eles são dignos da vossa veneração, eles, que afastaram de nós a poderosa nação e o exército dos Pelasgos[47] e que, por isso, os têm como inimigos; eles, que apesar de nos verem como vagabundos mendicantes, [não nos entregaram nem expulsaram do seu território][48].

320 *(A Demofonte)* Eu, não só em vida mas também depois de morto, quando desaparecer, hei-de elevar-te bem alto, com grandes elogios, diante de Teseu, ó amigo, e hei-de alegrá-lo ao contar-lhe como me acolheste bem e defendeste os filhos de Héracles, como
325 és de nobre raça e preservas a reputação paterna através da Hélade, e como, nascido de gente honrada, foste dos poucos a não degenerar nada do pai[49]. Na verdade, entre muitos homens, poderás talvez encontrar um que não seja inferior a quem o gerou.

CORO

330 Esta terra tendeu sempre a socorrer com justiça quem estava em apuros. Por isso já suportou sofrimentos sem conta em prol dos amigos, e ainda agora vejo que se aproxima o momento da luta.

DEMOFONTE

Falaste bem, ancião, e estou confiante que as crianças assim
335 hão-de proceder: o nosso favor permanecerá na sua memória. Eu convocarei uma reunião de cidadãos e ordenarei as tropas de forma a receber o exército dos Micénicos em grande força. Em primeiro lugar vou enviar espias na sua direcção para que não me apanhe de surpresa – pois qualquer homem de Argos é rápido a correr em
340 seu auxílio –, e depois vou reunir os adivinhos e oferecer sacrifícios. Tu, abandona o altar de Zeus e retira-te com as crianças para o palácio[50]. É que, mesmo que eu esteja fora, haverá quem olhe por ti. Vai então para o palácio, ancião.

IOLAU

Não poderei deixar o altar[51]. Nós, como suplicantes que somos, ficamos aqui a implorar pelo sucesso da cidade. Porém, quando tu tiveres escapado honrosamente desta guerra, iremos para tua casa. 345

Nós temos por aliados deuses não inferiores aos dos Argivos, senhor. Hera, a esposa de Zeus, protege-os, mas nós temos Atena. 350 Pois eu digo que isto é a base do sucesso – ter os deuses mais fortes do nosso lado[52]. Palas não suportará ser vencida.

(Demofonte e Acamante saem)

CORO

Se a tua altivez é grande, outros há que não se preocupam muito contigo, estrangeiro vindo de Argos. Com as tuas conversas 355 presunçosas não assustarás os nossos corações. Não assim a grande Atenas onde há belas danças[53]. Tu e o tirano argivo, filho de 360 Esténelo[54], perderam a razão.

Nada inferior a Argos é a cidade a que chegaste, e os suplicantes dos deuses que vieram para o meu solo, tu, um estrangeiro, arrasta- 365 -los à força, sem cederes aos soberanos, sem alegares outro direito. Como poderão espíritos avisados considerar este procedimento 370 correcto?

A paz agrada-me. Mas digo-te, senhor insensato: se atacares este país, não obterás assim, sem mais, o que pensas. A lança e o 375 escudo de bronze[55] não são só teus. Portanto, ó amante dos combates, não perturbarás com as tuas armas a cidade rica em generosidade[56]. Refreia pois a tua acção. 380

(Entra Demofonte)

IOLAU

Meu filho, porque vens com a preocupação estampada no olhar? Alguma novidade sobre os inimigos? Eles tardam ou já estão próximos? O que é que ficaste a saber? Por certo não vais desmentir 385 em nada as palavras do arauto. O chefe do exército, até agora bem sucedido, marchará, tenho a certeza, e com desígnios nada modestos, sobre Atenas. Mas Zeus castiga os que têm pensamentos demasiado altaneiros[57].

DEMOFONTE

390 Chegou o exército argivo, e, com ele, Euristeu, o seu chefe. Eu mesmo o vi. É que um homem que diz saber ser um bom general deve conhecer os adversários de outro modo que não pelos mensageiros. Sobre as nossas planícies Euristeu não largou ainda 395 as suas tropas. Porém, instalado numa colina escarpada, ele estuda – dar-te-ei, evidentemente, a minha opinião – a maneira como há-de conduzir os soldados[58] e estabelecer-se em segurança neste solo. E eu, naturalmente, já tomei, na perfeição, todas as minhas 400 providências. A cidade está em armas e as vítimas encontram-se de pé, prontas para os deuses a quem é preciso imolá-las. Em Atenas executam-se ainda sacrifícios oferecidos por adivinhos[59]. Após ter reunido todos os cantores de profecias, eu interroguei 405 [os oráculos antigos salutares a esta terra][60] – não só os que eram conhecidos do vulgo mas também os que estavam ocultos. E, se noutros pontos há muitas diferenças entre as predições divinas, num pormenor todas coincidem: ordenam-me que sacrifique à Filha de Deméter[61] uma virgem nascida de pai nobre, que garanta a derrota dos inimigos e a salvação da cidade.

410 Pois bem, eu tenho, como vês, uma grande boa vontade para convosco. Contudo, não vou matar a minha filha, nem vou obrigar outro dos meus cidadãos, contra o seu desejo, a matar a sua. Ora, quem é insensato ao ponto de entregar, deliberadamente, por suas 415 mãos, os filhos queridos? Mesmo agora verias fortes tumultos populares: dizem uns que é justo socorrer estrangeiros suplicantes, mas outros acusam-me de loucura. Se eu assim proceder, uma 420 guerra civil está, desde já, preparada. Portanto, vê tu a situação e

descobre, juntamente comigo, uma via de salvação para vós e para esta terra, sem que eu seja acusado pelos cidadãos. É que eu não exerço poder absoluto como acontece com os Bárbaros, mas, se agir com justiça, com justiça me obedecerão[62].

CORO

Mas então é verdade que um deus não permite que esta cidade, benévola como é, auxilie estrangeiros necessitados? 425

IOLAU

Ó filhos, nós somos semelhantes àqueles marinheiros que, após terem escapado ao ímpeto cruel de uma tempestade, estiveram a um palmo de terra firme e foram relançados pelos ventos para o alto-mar. Assim também nós somos repelidos deste solo, quando já estávamos perto da margem e acreditávamos na salvação. Ai de mim! Porque é que me seduziste, ó funesta esperança, se então não tencionavas conceder a graça até ao fim? Na verdade, até é perdoável que este homem não queira matar as filhas dos cidadãos, e sou mesmo capaz de louvar tal decisão. *(A Demofonte)* Se apraz aos deuses que eu passe por esta situação, é certo que o meu reconhecimento para contigo não se dissipa. 430 435

Mas de vós, meus filhos, não sei o que fazer. Para onde nos havemos de voltar? Qual dos deuses não foi adornado com as nossas coroas? A que refúgio da terra não nos dirigimos? Morreremos, ó crianças! Em breve seremos abandonados! Por mim, se tenho de morrer, nada me preocupa, a não ser a alegria que darei aos meus inimigos com a minha morte[63]. Mas é de vós que eu tenho piedade, e é por vós que eu choro, filhos, e por Alcmena, a velha mãe do vosso pai. Ó infortunada, que vida longa a tua! E desgraçado eu também, que muito sofri em vão! Estava decretado, estava decretado pelo fado que nós caíssemos nas mãos do inimigo e deixássemos com opróbio e ignomínia a vida! 440 445 450

(Subitamente, a Demofonte) Mas ajuda-me tu! Sabes como? Eu não perdi por completo a esperança da salvação destes meninos. Entrega-me a mim aos Argivos em vez deles, senhor, e que as

455 crianças sejam salvas sem que tu corras perigo! Eu não devo ter amor à minha própria vida. Vamos! Certamente Euristeu há-de querer apoderar-se de mim, para cobrir de insultos o aliado de Héracles. É que ele é um homem rude. Contudo, os sábios desejam
460 ter um sábio por inimigo, não um espírito ignorante. Poder-se-á assim obter muito respeito e justiça.

CORO

Ó ancião, não acuses esta cidade. Imediatamente nós sofreríamos a injúria – falsa, porém desonrosa – de que atraiçoámos os nossos hóspedes[64].

DEMOFONTE

465 Generosas são as tuas palavras, mas impraticáveis. Não é por tua causa que o rei dirige o seu exército para aqui. Na verdade, o que ganharia Euristeu com a morte de um velho? *(Apontando para as crianças)* São estes que ele quer matar. Porque é terrível para os inimigos ver crescer jovens de nobre raça que guardam na
470 memória os maus tratos impostos ao pai. É com esta ameaça que aquele se deve acautelar. Mas se tens algum outro plano mais conveniente, prepara-o, já que eu, por meu lado, fiquei perplexo e cheio de medo com as respostas dos oráculos.

(Uma jovem sai do templo)

A JOVEM[65]

Estrangeiros, não me acusem de desvergonha por ter saído.
475 Esta será a primeira coisa que eu peço. Para uma mulher, o mais belo é, sem dúvida, o silêncio e a sensatez, assim como uma tranquila permanência dentro de casa. Mas eu saí porque ouvi os teus gemidos, Iolau. E embora não me tenha sido atribuído o papel
480 de representante da família, todavia, porque de algum modo estou à sua frente, preocupo-me em extremo com os meus irmãos e

comigo mesma, e quero saber se não existe, à parte as nossas antigas tribulações, nenhuma outra desgraça que te fira o coração.

IOLAU

Ó filha, já há muito que, dentre os rebentos de Héracles, eu te vejo como a mais digna de louvor. O nosso trajecto[66], que parecia prosseguir da melhor maneira, caiu de novo numa situação insustentável. *(Apontando para Demofonte)* Este anuncia que os cantores de profecias ordenam que se sacrifique à Filha de Deméter, não um touro nem um bezerro, mas uma virgem de nobre linhagem – isto, se nós devemos, se esta cidade deve viver. É pois este o dilema em que nos encontramos: ele afirma que não vai degolar as suas próprias filhas, nem mesmo as de qualquer outro; e a mim dá-me a entender que, se não descobrirmos como sair deste apuro, teremos de procurar um outro país. Ele, por si, está decidido a salvar esta terra. 485 490 495

A JOVEM

E é diante desta intimação que a nossa vida está em jogo?

IOLAU

Diante dela, pois nós ultrapassámos com êxito todos os outros problemas.

A JOVEM

Então, não mais temas a lança inimiga dos Argivos. Eu mesma, de livre e espontânea vontade, antes de receber essa ordem, ancião, estou disposta a morrer e a entregar-me em sacrifício. O que haveremos pois de alegar, se, por nossa causa, a cidade aceita correr um grande perigo? Nós mesmos, que impomos provações a terceiros, quando é possível salvá-los, fugiremos diante da morte? 500 505

Seguramente não. Tanto mais que são comportamentos dignos de escárnio: que suplicantes dos deuses estejam sentados a gemer e
510 que descendentes daquele que tivemos como pai se mostrem uns cobardes. Onde é que estas acções ficam bem a homens honrados? Rica sorte, bem o creio, se esta cidade for tomada – quem dera tal não aconteça! –, cair nas mãos dos inimigos, e, embora filha de um pai ilustre, após ter suportado actos desonrosos, nem por isso
515 deixar de ver o Hades! Mas hei-de eu vaguear, expulsa deste solo? E não hei-de corar, se alguém disser: "Porque é que viestes para aqui com ramos suplicantes, se vós mesmos tendes amor à vida? Fora desta terra! Cobardes não ajudaremos nós".

520 *(Mostrando os irmãos)* Por outro lado, se estes perecerem, ainda que eu mesma me conserve sã e salva, não tenho esperança de ser feliz – esperança esta que já levou muita gente a trair os amigos. Na verdade, quem há-de querer tomar por esposa uma jovem
525 desamparada? Quem há-de querer ter filhos comigo? Porventura não é melhor morrer do que passar por estes agravos imerecidos? Tal fado convirá mais a outra qualquer que não seja de insigne família como eu.

(A Demofonte) Conduzi-me até onde o meu corpo deve morrer, ornai-o com coroas, e, quando quiserdes, começai o sacrifício[67].
530 Vencei pois os inimigos. Esta alma que aqui está age espontaneamente, e não contra a sua vontade. Eu declaro que é pelos meus irmãos e por mim mesma que vou morrer. É que, certamente porque não sou cobarde, eu fiz a mais bela descoberta: como deixar com glória a existência.

CORO

535 Ah! Ah! Que direi eu diante do grandioso discurso desta jovem que deseja morrer pelos seus irmãos? Quem, dentre os humanos, pronunciaria palavras mais nobres? Quem agiria com mais nobreza?

IOLAU

Ó filha, a tua cabeça não vem de ninguém mais senão do teu pai. Tu descendes naturalmente da mente divina de Héracles. Eu tenho orgulho nas tuas palavras, contudo aflijo-me com a tua sorte. Mas vou explicar como tudo poderá acontecer de forma mais justa: *(aos servos)* devemos chamar aqui todas as irmãs desta jovem, e que morra pela sua raça aquela que for escolhida pelo acaso. *(À jovem)* Não é justo que tu morras sem recorrermos à sorte. 540 545

A JOVEM

Não, eu não hei-de morrer por decisão dos fados. É que não há nenhum mérito nisso. Não fales, ancião! Porém, se vós me aceitais e consentis em fazer uso da minha boa vontade, é por meu alvedrio, e não por obrigação, que eu lhes ofereço a minha vida. 550

IOLAU

Ah! Estas tuas palavras são ainda mais sublimes do que as anteriores. E aquelas eram já muito elevadas. Mas tu superas a tua audácia com audácia e o teu discurso com um discurso virtuoso. Eu, seguramente, não te ordeno nem te impeço de morrer, filha. Todavia, se morreres, és útil aos teus irmãos. 555

A JOVEM

Sábias são as tuas ordens[68]. Não temas participar na mancha do meu sacrifício, pois é de livre vontade que pereço. Eu, se é verdade que descendo do pai de que me vanglorio, marcharei até ao horror da imolação. E tu segue-me, ancião, porque eu quero expirar nos teus braços. Fica junto de mim e cobre o meu corpo com o meu manto. 560

IOLAU

Eu não suportaria assistir à tua morte.

A JOVEM *(apontando para Demofonte)*

565 Roga-lhe então, pelo menos, que eu não exale a vida nas mãos de homens, mas sim nas de mulheres.

DEMOFONTE

Assim acontecerá, ó virgem desafortunada, pois até para mim seria ignominioso que tu não tivesses as honras devidas. E por 570 muitos motivos[69]: primeiro pela tua coragem, depois pela justiça. Eu vi, com estes olhos, que tu és a mais destemida de todas as mulheres. Vem então, mas, se te aprouver, dirige a estas crianças e ao ancião umas derradeiras palavras.

A JOVEM

575 Adeus, ancião, adeus! E ensina estes meninos a serem sábios em tudo[70], tal como tu, nem mais nem menos, pois serão o bastante. Tenta, com dedicação, salvá-los da morte. Nós somos para ti como filhos, nós fomos criados pelas tuas mãos. Tu vês como até eu 580 mesma abdico da hora do meu casamento, ao morrer por eles.

E vós, meus irmãos aqui reunidos, que possais ser felizes e que vos aconteça todo o bem que o meu coração, daqui por diante, 585 não irá gozar. Respeitai este ancião e aquela que está dentro do templo, a idosa Alcmena, mãe de meu pai, bem como estes nossos hóspedes. E, se vós, com a ajuda dos deuses, alcançardes alguma vez a libertação das vossas penas e o regresso à pátria, lembrai--vos de como deveis tributar honras fúnebres à vossa libertadora. 590 Justo é que sejam as melhores, pois a ajuda que vos prestei não foi incompleta, mas dei a vida pela minha raça. Em vez dos filhos e do casamento que não tive[71], é este o tesouro que eu conservo – se alguma coisa existe debaixo da terra, evidentemente. Pois eu espero que não exista nada[72]! Porque se até lá em baixo, depois de mortos, tivermos preocupações, não sei para onde nos haveremos de voltar. Na verdade, a morte é considerada como o maior remédio dos males. 595

IOLAU *(enquanto a jovem sai, acompanhada por Demofonte)*

Ó mulher mais que todas distinta pela tua coragem, sabe que, viva ou morta, tu serás, de longe, o maior alvo da nossa veneração. Então, adeus! É que temo ultrajar a deusa a quem o teu corpo é sacrificado – a Filha de Deméter. 600

Ó filhos, perecemos! Os meus membros fraquejam de tristeza. Agarrai-me, apoiai-me aqui mesmo, sobre o altar, e cobri-me com este manto, ó meninos[73]! Perante estes factos consumados, eu não tenho alegria, mas também não nos era possível viver com o oráculo por cumprir. Certamente a desgraça seria maior. O presente, no entanto, ainda nos é adverso. 605

CORO

Sem os deuses, sou eu que o digo, nenhum homem é ditoso nem deixa de sofrer a desgraça. E a mesma casa não permanece numa felicidade duradoura; a um lote do destino um outro lote se segue. Um, que vem das alturas, torna-se insignificante; outro, vive ao acaso[74] e passa a ser venturoso. Não é lícita a fuga aos desígnios do fado. Nem pelo seu saber alguém os repelirá; e quem estiver sempre ansioso, em vão despenderá o seu esforço[75]. 610 615

Mas tu, sem te deixares estar prostrado, suporta as decisões dos deuses. E não te aflijas demasiado com esta situação angustiosa. A desafortunada ganha a sua quota-parte honrosa ao morrer pelos irmãos e por este país[76], e não é sem glória a fama que receberá dos humanos. É que a virtude caminha por entre as dores. Este procedimento é digno do seu pai, é digno da sua nobreza de origem. E, se tu veneras a morte dos bons, eu junto-me a ti. 620 625

(Entra um servo)

SERVO

630 Salve, meus filhos! Mas onde estão o velho Iolau e a mãe do vosso pai, que se encontram afastados deste altar[77]?

IOLAU

Estou aqui[78], se é que a isto se pode chamar presença.

SERVO

Porque é que jazes por terra com os olhos baixos de tristeza?

IOLAU

Uma preocupação familiar veio atormentar-me.

SERVO

635 Levanta-te, vamos! Cabeça direita!

IOLAU

Estamos velhos e já não temos forças.

SERVO

Eu trago-te, contudo, um grande motivo de alegria.

IOLAU

Mas quem és tu? Onde é que eu me encontrei contigo, que não me lembro?

SERVO

Sou servo de Hilo. Olha bem para mim! Não me conheces?

IOLAU *(erguendo-se)*

Ó meu bom amigo, vens então salvar-nos aos dois do infortúnio? 640

SERVO

Sim. Agora tudo te vai correr bem.

IOLAU *(elevando a voz em direcção ao templo)*

Ó mãe de um nobre filho, Alcmena, é contigo que eu falo! Sai, vem ouvir as bem-vindas notícias deste homem! Pois já há muito que consumias a tua alma na dúvida do regresso dos que acabam 645 de chegar.

(Alcmena sai do templo)

ALCMENA

Porque é que este abrigo está repleto de gritos, Iolau[79]? Algum arauto vindo de Argos te maltrata de novo? *(Protegendo os netos e dirigindo-se ao Servo)* É débil, sem dúvida, a minha força, mas tu tens de sabê-lo, estrangeiro: nunca os levarás contigo, enquanto 650 eu viver; ou que eu não seja, desde então, considerada mãe daquele herói! Porém, se lhes tocares com um dedo[80], a luta que hás-de travar com dois velhos não te vai trazer glória.

IOLAU

655 Acalma-te, anciã, não tenhas medo! Este não é um arauto vindo de Argos com palavras hostis.

ALCMENA

Então porque é que soltaste um grito que é prenúncio de terror?

IOLAU

Para que viesses para junto de nós, aqui para diante deste templo.

ALCMENA

Não entendemos o que estás a dizer. Quem é este homem?

IOLAU

Ele anuncia que chegou o filho do teu filho[81].

ALCMENA *(ao Servo)*

660 Bem-vindo sejas tu também[82] com essas notícias! Mas, se ele pôs o pé sobre este solo, porque é que agora está ausente? Que circunstâncias o impedem de aparecer aqui contigo para alegrar o meu coração?

SERVO

Ele está a assentar arraiais e a colocar no seu posto os soldados que trouxe consigo.

ALCMENA *(mostrando intenção de se afastar)*

Este é um assunto que, na verdade, já não me diz respeito. 665

IOLAU

Diz, sim. Mas é meu o trabalho de recolher informações.

SERVO

E então, o que queres saber do que se passou?

IOLAU

Qual é o número de aliados que ele traz?

SERVO

Muitos; não posso dar-te um número preciso.

IOLAU

Sabem-no os chefes atenienses – suponho eu. 670

SERVO

Sim, sabem. E ele até se fixou na ala esquerda do exército.

IOLAU

E os soldados já estão armados para entrarem em acção?

SERVO

Sim; e as vítimas já foram conduzidas para longe das fileiras[83].

IOLAU

A que distância estão as lanças argivas?

SERVO

675 De modo a ver-se claramente o chefe do exército.

IOLAU

O que é que ele faz? Dispõe as linhas dos inimigos?

SERVO

Era o que nós imaginávamos, já que audível não era. Bem, eu vou-me embora. Pela minha parte, não quereria que os meus chefes combatessem os inimigos sem mim.

IOLAU

680 E eu vou contigo. As nossas preocupações são as mesmas: estarmos perto dos que estimamos para os ajudarmos, como nos compete.

SERVO

Não te fica nada bem proferir palavras loucas.

IOLAU

Nem tão-pouco não tomar parte, com os amigos, na valentia da batalha[84]. 683

SERVO

Não tens, meu caro, o vigor de outrora. 688

IOLAU

Mas hei-de lutar com tantos como dantes. 689

SERVO

É pequena a ajuda que ofereces aos teus amigos. 690

IOLAU

Nenhum dos adversários suportará o meu olhar. 687

SERVO

O olhar não pode ferir se o braço não for activo. 684

IOLAU

O quê? Não poderei, eu também, ferir através do escudo? 685

SERVO

686 Sim, poderás; mas antes tu mesmo hás-de cair.

IOLAU

691 Não me detenhas, que eu estou pronto a actuar!

SERVO

692 De actuar, em boa verdade, tu não és capaz, mas vontade não te falta.

IOLAU

Diz o que quiseres; ficar é que eu não fico.

SERVO

Mas como é que um hoplita vai aparecer sem armadura?

IOLAU

695 Existem dentro deste templo armas capturadas na guerra. Servir-nos-emos delas. Se vivermos, havemos de devolvê-las; se perecermos, a divindade não as reclamará[85]. Vamos, entra lá dentro, solta dos pregos a armadura, e traz-ma o mais depressa possível!
700 Esperar cobardemente enquanto os outros lutam é vergonhosa forma de guardar a casa.

(O Servo entra no templo)

CORO

Os anos ainda não te enfraquecem a têmpera. Ela é jovem, mas o teu corpo acabado. Porque realizas esforços inúteis, prejudiciais para ti e de pouca utilidade para a nossa cidade? Tens (705) de ceder à velhice e renunciar ao impraticável. Ninguém te pode devolver a juventude de novo.

ALCMENA

Porque é que tu, que não estás em teu juízo, me vais deixar (710) sozinha com os filhos <do meu filho>[86]?

IOLAU

Dos homens é o combate. *(Mostrando as crianças)* Tu deves olhar por estes.

ALCMENA

O quê? E, se tu morreres, como serei eu salva?

IOLAU

Os filhos do teu filho que sobreviverem cuidarão de ti.

ALCMENA

Mas se eles – que tal não aconteça! – estiverem sujeitos à má sorte?

IOLAU

715 Não temas! Estes hóspedes não te hão-de abandonar.

ALCMENA

É essa a minha confiança; nada mais tenho.

IOLAU

Também Zeus se preocupa, estou certo, com o teu infortúnio.

ALCMENA

Ah! De mim Zeus não ouvirá censuras, mas ele mesmo sabe se é piedoso o seu procedimento para comigo.

(O Servo sai do templo com as armas)

SERVO *(a Iolau)*

720 Aqui tens esta armadura completa. Depressa, cobre o teu corpo com ela! A luta está próxima, e Ares tem um ódio extremo a quem se demora. Se temes, contudo, o peso das armas, parte agora 725 mesmo sem elas. Quando estiveres em linha, guarnece-te então com estes atavios. Eu é que vou carregar com eles até lá.

IOLAU

Tens razão. Mas transporta as armas de forma a estarem ao meu alcance. Na mão põe-me a lança de faia, e ampara o meu braço esquerdo para conduzires os meus passos.

SERVO

Será que é preciso dirigir um hoplita passo a passo, como se dirige uma criança[87]?

IOLAU

Por causa dos auspícios[88], devemos caminhar com prudência. 730

SERVO

Quem dera fosse o teu zelo de acção igual à tua vontade!

(Iolau e o Servo começam paulatinamente a caminhar)

IOLAU

Mais rápido! Será terrível para mim perder o combate.

SERVO

Tu é que és o vagaroso, não eu, embora penses que tens agilidade.

IOLAU

Mas não vês como as minhas pernas ganham velocidade?

SERVO

Vejo bem melhor a tua imaginação do que a tua diligência. 735

IOLAU

Não dirás a mesma coisa quando me vires além.

SERVO

A fazer o quê? Bem quereria que te saísses bem.

IOLAU

Através do escudo vou ferir alguém dentre os inimigos.

SERVO

Se alguma vez lá chegarmos, evidentemente. É este o meu receio.

IOLAU

740 Ah! Ó meu braço, quem dera que fosses nosso aliado, tal como nos lembramos de ti, no pleno vigor das tuas forças, quando com Héracles devastavas Esparta[89]! Que derrota poderia eu infligir a Euristeu! É que ele é cobarde para esperar a lança sem arredar pé.
745 Existe, contudo, na prosperidade, iníqua aparência de valentia. Na verdade, nós julgamos que o homem bem sucedido é pleno de discernimento.

(Saem os dois. Alcmena e as crianças permanecem junto ao altar)

CORO

750 Terra, Lua toda a noite resplandecente, e raios fulgurantes do deus que ilumina os mortais, levai-me uma mensagem[90]. Proclamai-a nos céus, junto do trono real[91] e na morada de Atena

de olhos garços[92]. Eu, que acolhi os suplicantes, quero, em defesa 755
da terra pátria, quero, em defesa das nossas casas, esconjurar o
perigo com o negro ferro[93].

É terrível que uma cidade como Micenas, opulenta e famosa 760
pelo vigor das armas, oculte em seu coração a ira contra o meu
solo. Mas que o mal nos sobrevenha, ó cidade, se, às ordens de 765
Argos, abandonarmos os estrangeiros! Zeus é meu aliado, não
tenho medo. E com razão Zeus me é benevolente: pela minha
parte, jamais <os deuses>[94] parecerão inferiores aos mortais.

Contudo, ó Soberana[95], já que é teu o solo desta terra e esta 770
cidade, tu, que és sua mãe, senhora e guardiã, desvia para outro
lado quem avança, sem justiça, brandindo as armas – o exército 775
de Argos. Porque eu, com a minha virtude, não mereço ser apartado
do meu lar.

Inúmeros sacrifícios são sempre realizados em tua honra[96]; e
não é esquecido o último dia do mês, nem o canto dos jovens, 780
nem a melodia dos coros. Sobre a colina batida pelos ventos ecoam
as invocações agudas das virgens, à mistura com o bater dos pés a
noite inteira.

(Entra um mensageiro[97])

MENSAGEIRO *(a Alcmena)*

Senhora, as novas que trago são para ti brevíssimas de ouvir e 785
para mim as mais belas de revelar[98]: vencemos o adversário, e
erguem-se troféus com a armadura completa dos teus inimigos.

ALCMENA

Ó meu bom amigo, este dia elevou a tua condição[99]: acabas de
alcançar a liberdade com estas notícias. Mas de uma aflição não 790
me livras tu ainda. É que eu receio pela vida dos que amo.

MENSAGEIRO

Eles vivem, e grande é a sua reputação entre os soldados.

ALCMENA

E o velho Iolau, também ele está vivo[100]?

MENSAGEIRO

Certamente. E, com a ajuda dos deuses, praticou feitos notáveis.

ALCMENA

795 Como assim? Ele realizou alguma façanha?

MENSAGEIRO

De velho que era fez-se jovem outra vez.

ALCMENA

É extraordinário o que me dizes. Mas, antes de mais, quero que me contes a luta vitoriosa dos que me são queridos.

MENSAGEIRO

800 Um único relato meu far-te-á saber tudo[101]. Quando nós espalhámos os hoplitas e os dispusemos frente a frente, uns contra aos outros, Hilo desceu da sua quadriga, colocou-se, aprumado, entre os dois exércitos, e disse: "Ó general que vens de Argos, deixemos esta terra em paz[102]!

805 < >

< >

Sem fazeres nenhum mal a Micenas, sem a privares de um único homem, estabelece um combate comigo, de um para um. Se me matares, agarra nos filhos de Héracles e leva-os contigo; se morreres, deixa-me fruir das honras e da casa de meu pai". O (810) exército aplaudiu este discurso, quer pela feliz libertação das penas que anunciava, quer ainda pela sua coragem. Mas o outro, sem respeito pelo auditório e sem vergonha da sua própria cobardia – ele, o chefe! – não se aventurou a aproximar-se do perigo da lança, (815) tal era a sua frouxidão. (E era um homem desta espécie que vinha para subjugar os filhos de Héracles?!) Hilo voltou ao seu posto. E os adivinhos, vendo que o acordo não passava por um combate (820) singular, de imediato faziam sacrifícios e, no mesmo instante, de gargantas bovinas[103] derramavam sangue propício. Os outros subiam para os carros ou roçavam[104], lado a lado, debaixo dos escudos. E o rei dos Atenienses, como convém a um homem de (825) nobres sentimentos, dirigiu exortações ao seu exército: "Ó concidadãos, é hora de defenderdes a terra que vos alimentou, a terra que vos gerou!" O outro, por seu lado, suplicava aos aliados que não escolhessem desonrar Argos e Micenas. Deu então sinal (830) o toque agudo da trombeta tirrena, e, uns contra os outros, travaram o combate. Imaginas tu quão forte ressoava o barulho dos escudos, quão fortes eram os lamentos e os gemidos? No início, o embate da lança argiva destroçou-nos. Depois eles cederam de novo. Numa (835) segunda fase, pé contra pé, homem contra homem, o combate mantinha-se firme. Muitos sucumbiam. Dos dois lados havia gritos de exortação[105]: "Ó habitantes de Atenas! Ó semeadores dos campos argivos! Não defendereis a honra da vossa cidade?" Com (840) muito esforço, por fim, dando tudo por tudo, não sem sofrimento, nós pusemos em fuga o exército de Argos. Foi então que o velho Iolau, ao ver que Hilo saía de rompante, lhe estendeu a mão direita e lhe suplicou que o fizesse entrar na sua quadriga. Depois, de (845) rédeas em punho, precipitou-se contra os corcéis de Euristeu. O que se passou a seguir, vou relatá-lo segundo testemunhos alheios. Até aqui contei o que eu mesmo vi[106]. Ao transpor a augusta colina da ilustre Atena Palénide[107], ele avistou o carro de Euristeu. Pediu, (850) então, a Hebe[108] e a Zeus, a graça de rejuvenescer por um só dia e de tirar vingança dos inimigos. Agora vais ter oportunidade de ouvir um prodígio: dois astros colocaram-se sobre o jugo dos

855 cavalos e envolveram o carro numa nuvem escura. (Dizem os mais entendidos que era o teu filho com Hebe.) E ele, emergindo das trevas sombrias, ostentou a forma vigorosa dos seus braços
860 remoçados. Surpreende, o insigne Iolau, a quadriga de Euristeu perto das Rochas Cirónides, acorrenta-lhe as mãos, e regressa com o mais belo dos despojos: o general que, até ao momento, só conhecera a felicidade. Tal sorte diz em voz alta a todos os mortais
865 que aprendam a não invejar aquele que parece afortunado, antes que o tenham visto morrer. Tão efémera é a ventura!

CORO

Ó Zeus, senhor dos combates[109], agora eu posso ver o dia que me libertou de um medo terrível.

ALCMENA

Ó Zeus, muito tempo levaste tu a reconhecer as minhas penas!
870 Mas, apesar disso, dou-te graças pelo sucedido. E, se antes eu duvidava que o meu filho estivesse entre os deuses, agora tenho a certeza.
Ó meninos, hoje, hoje sereis livres do sofrimento e livres de
875 Euristeu, o maldito! Vereis a cidade do vosso pai, tomareis posse do solo que é vossa herança e oferecereis sacrifícios aos deuses dos vossos antepassados, dos quais fostes afastados, como estrangeiros, para levardes uma vida errante, desgraçada.
(Ao Mensageiro) Mas que plano engenhoso oculta pois Iolau,
880 ao poupar Euristeu da morte? Fala! É que, em nossa opinião, não é sensato capturar o inimigo e não praticar justiça.

MENSAGEIRO

Ele fê-lo em tua honra, para que, com os teus olhos, visses este
885 homem poderoso[110] dominado pelo teu braço. Não foi, com toda a certeza, de modo espontâneo, mas sim à força e por coacção, que o submeteu ao jugo. Na verdade, ele não queria chegar com vida diante de ti e pagar a sua pena.

Então digo-te adeus, ó anciã! E lembra-te do que me disseste no início, quando eu comecei o relato: que me darias a liberdade[111]! É nestas ocasiões que as pessoas de nobres sentimentos devem ter uma só palavra. 890

(Sai)

CORO

Encantadora é para mim a dança quando, num festim[112], há a beleza do som claro da flauta de lódão. Igualmente encantadora é a graciosa Afrodite. Mas é também uma alegria assistir à prosperidade dos amigos outrora insignificantes[113]. Várias mutações nascem do Destino, que tudo leva a termo, e da Duração, filha do Tempo. 895 900

Tu segues, ó cidade, um caminho justo, e não deves abandoná-lo nunca – honrar os deuses. Aquele que o nega, após estas provas manifestas[114], avança ao lado da demência. É que são notáveis os sinais que um deus transmite, ao destruir sempre a presunção dos homens injustos. 905

Está no céu, o teu filho, ó anciã. Afasto-me do rumor de que ele desceu à morada de Hades, o seu corpo consumido pela terrível chama da fogueira. Estou certo, todavia, de que partilha o suave leito de Hebe no palácio dourado. Ó Himeneu, tu honraste estes dois filhos de Zeus! 910 915

Está o mundo cheio de coincidências[115]: Atena – dizem – protegia o pai destes meninos; e, a eles, foi a cidade daquela deusa e o seu povo que os salvou, ao conter a insolência do homem que sobrepunha a violência das suas paixões à justiça. Que nunca o meu pensamento e o meu espírito sejam insaciáveis! 920 925

(Chega um grupo de servos com Euristeu acorrentado)

SERVO[116]

Senhora, tu vê-lo, é certo, mas di-lo-ei de igual modo: nós
930 viemos trazer-te Euristeu, espectáculo inesperado, assim como
não o é menos, para ele, este infortúnio. Porque nunca ele esperava
cair em tuas mãos, quando, de Micenas, com a numerosa tropa,
avançava, desdenhando a justiça, para arrasar a cidade de Atenas.
935 Mas a divindade foi-lhe contrária[117] e mudou a sua sorte. Assim,
Hilo e o valoroso Iolau erigiram a estátua vitoriosa de Zeus, senhor
dos combates[118]; e, a mim, mandam-me trazer-te este homem, pois
940 querem alegrar o teu coração. É que nada é mais agradável do que
ver um inimigo cair da prosperidade na desgraça.

ALCMENA *(dirigindo-se a Euristeu,*
que está de cabeça voltada)

Estás aqui, odiosa criatura? Capturou-te a Justiça, finalmente?
Antes de mais, vira a cabeça para mim e ousa olhar os teus inimigos
945 de frente. Hoje estás dominado, já não dominas. Então és tu – é
isso que eu quero saber – que ao meu filho, que está onde está
agora, pretendias ultrajar em muito, ó malvado, e o enviavas, sob
950 tua ordem, para exterminar hidras e leões[119]? E os outros males
que tu tramavas, eu calo-os. É que o meu relato seria longo. Na
verdade, que afronta não ousaste cometer contra ele? Tu, que até
o fizeste descer vivo ao Hades! E esta insolência não te foi
suficiente, mas de toda a Grécia nos expulsavas, a mim e a estas
955 crianças, quando nós ficávamos sentados como suplicantes dos
deuses – uns, anciãos; outros, pequeninos ainda. Encontraste,
todavia, uma cidade livre e homens que não têm medo de ti. É
preciso que morras de má morte, e o ganho será todo teu. Porque
960 não devias morrer de uma só vez, após tantos sofrimentos que
causaste.

SERVO[120]

A ti não te é dado matar este homem.

ALCMENA

Em vão, nesse caso, o fizemos prisioneiro. Mas que lei é essa que não permite que ele morra?

SERVO

Não parece bem aos chefes deste país.

ALCMENA

Como assim? Não é para eles honroso matar os inimigos? 965

SERVO

Não o que eles capturarem, com vida, na batalha[121].

ALCMENA

E Hilo suportou tal decisão?

SERVO

Devia, ao que parece, ter desobedecido a esta cidade.

ALCMENA

Devia este homem não estar vivo nem ver já a luz do dia[122].

SERVO

Então a injustiça foi não ter sido morto primeiro! 970

ALCMENA

Mas não é ainda tempo de ele receber a sua punição?

SERVO

Não há ninguém que o queira matar.

ALCMENA

Eu mesma! E creio que até eu sou alguém!

SERVO

Estarás sujeita a grande censura, se o fizeres.

ALCMENA

975 Eu quero bem a esta cidade; ninguém deve dizer o contrário. Mas não há mortal que possa livrar este homem, uma vez que veio parar às minhas mãos. Depois disto, chamar-me-á, quem o 980 entender, insolente e ousada de mais para uma mulher. Este trabalho, contudo, sou eu que o vou fazer.

CORO

Terrível mas perdoável, ó mulher, é a desavença que te anima contra este homem – francamente o reconheço.

EURISTEU

Mulher, fica bem ciente de que não te adularei, e nem, para 985 salvar a minha vida, direi nada que me faça ser acusado de cobardia. Não foi voluntariamente que suscitei esta querela. Na verdade, eu sabia que era teu primo direito[123], do mesmo sangue que o teu filho Héracles. Mas, fosse ou não da minha vontade, Hera, como deusa, atingiu-me com esta loucura. E, quando contra ele levantei um espírito hostil e me apercebi de que teria de travar este combate, tornei-me maquinador de desgraças sem conta. Aconselhando-me sempre com a noite, concebia inúmeros meios de repelir e matar os meus inimigos, para não mais coabitar com o medo. Porque eu sabia que não era um qualquer, mas verdadeiramente um homem, o teu filho. Apesar de meu inimigo, ele ouvir-me-á elogiá-lo, já que era uma pessoa de bem. Depois da sua morte, porém, não devia eu, que sou odiado pelos seus filhos e tenho consciência da sua inimizade hereditária, remover céu e terra[124] para os aniquilar, repelir, tramar? Tais procedimentos eram a minha segurança. Tu, por certo, no meu lugar, não perseguirias as crias hostis de um leão inimigo, mas tê-las-ias deixado, com a tua bondade, habitar em Argos... Não convencerás ninguém! E neste momento – já que não me aniquilaram na altura em que eu estava preparado – se eu morrer, de acordo com as leis dos Gregos, a minha morte é causa de poluição para o meu assassino. De modo que a cidade, com a sua sensatez, deixou-me escapar, colocando o deus muito acima da sua inimizade por mim. Tu dirigiste-me a palavra, tu ouviste a minha resposta. Doravante devem chamar-me o vingador e o homem de coração nobre[125]. Esta é, no entanto, a minha posição: eu não desejo morrer, mas não ficarei consternado por deixar a vida. (990 / 995 / 1000 / 1005 / 1010 / 1015)

CORO

Eu quero, Alcmena, dar-te um breve conselho: deixa partir este homem, já que é a determinação da cidade.

ALCMENA

Então e se ele morrer e, ainda assim, nós obedecermos à cidade? 1020

CORO

Isso seria o melhor! Mas como poderá conseguir-se?

ALCMENA

Eu explicar-te-ei sem dificuldade. Após o ter matado, entregarei o seu cadáver aos amigos que vierem procurá-lo. Assim, no que
1025 ao corpo diz respeito, não desobedecerei ao país, e a sua morte dar-me-á satisfação.

EURISTEU

Mata-me, eu não te comovo com súplicas. Mas a esta cidade, que me deixou viver e teve escrúpulos de me matar, eu gratificá-la-ei com um antigo oráculo de Apolo que, no futuro, lhe será
1030 mais útil do que parece. *(Ao Coro)* Quando eu morrer, vós sepultar-me-eis onde é vontade do destino, ante a divina virgem de Palene[126]. E eu vou jazer debaixo da terra eternamente favorável a ti e um estrangeiro salutar à cidade, mas o pior inimigo para os
1035 descendentes destas crianças, quando eles aqui voltarem, em grande força, desleais ao favor recebido[127]. Tais são os hóspedes que vós defendestes! E como vim eu para aqui, conhecedor das predições, sem recear as palavras do deus? É que eu imaginava
1040 Hera muito superior aos oráculos e incapaz de me trair. Mas não os[128] deixeis derramar libações nem sangue sobre o meu sepulcro, pois é funesto o regresso que lhes vou destinar como paga da minha sorte. Duplo é então o proveito que haveis de tirar de mim: ao morrer, servir-vos-ei a vós e, por outro lado, serei a ruína deles.

ALCMENA *(ao Coro)*

1045 Pois bem, se é preciso assegurar a salvação da cidade e dos vossos, o que esperais vós para aniquilar este homem, depois do que ouvistes? O caminho que ele indica é o mais seguro: ele é o
1050 inimigo e a sua morte é útil. *(Aos servos)* Levai-o convosco,

escravos, e, depois de o terdes matado, entregai-o aos cães[129]! *(A Euristeu)* Não penses tu que vais viver e expulsar-me outra vez do solo dos meus pais!

< >[130]
< >
< >

(Os servos arrastam Euristeu)

CORO

É essa a minha opinião. Avançai, companheiros! No que depender de nós, os soberanos conservar-se-ão imaculados. 1055

Notas

[1] O v. 2 é sintacticamente ambíguo e, como tal, tem sido alvo de diferentes interpretações. Na esteira de ZUNTZ (1955: 109-110) e de MÉRIDIER (1925: 198) consideramos que δίκαιος faz parte do sujeito da frase. Helenistas como WILKINS (1993: 46-47) e PEARSON (1907: 45), no entanto, tomam δίκαιος como predicado: «um homem é justo para os seus vizinhos; outro...». Embora gramaticalmente possível, este último entendimento do texto deve ser rejeitado já que, como bem observou GARZYA (1957: 63-64), "contém uma rígida classificação dos homens em duas categorias, o que não só contrasta com a lógica, como também não reproduz a intenção atribuída pelo poeta ao discurso de Iolau: que não é dizer como os homens se devem classificar, mas sublinhar, relativamente à matéria do drama, alguns aspectos do comportamento dos homens".

Sobre a hipótese de uma lacuna depois do v. 2, *vide* ZUNTZ (1947: 50, n. 1 e 1955: 109-110).

[2] Iolau é filho de Íficles, o meio-irmão de Héracles, nascido de Alcmena e de Anfitrião.

[3] Nenhuma indicação nos é dada quanto ao número de Heraclidas intervenientes na peça. Os vv. 40-47 levam-nos todavia a pensar que seria um grupo considerável, já que Iolau refere os meninos que estão consigo, as jovens virgens que se encontram com Alcmena dentro do templo, e ainda Hilo e os seus irmãos mais velhos que haviam saído à procura de um novo refúgio.

É de salientar que, à excepção de Hilo, todos os outros filhos de Héracles permanecem anónimos ao longo da tragédia.

[4] Soberano argivo que impôs a Héracles os famosos "Doze Trabalhos" (ou mais, segundo outra tradição) e que, após a morte do herói, transferiu o seu ódio para os Heraclidas.

[5] A nossa tradução «fujo ... fugitivas / infortúnio ... infortunados» não é mais do que uma tentativa de manter a expressividade do grego: σὺν φεύγουσι συμφεύγω/σὺν κακῶς πράσσουσι συμπράσσω κακῶς.

[6] Referência à Tetrápole constituída pelas cidades de Maratona, Énoe, Probalinto e Tricorinto. Segundo Estrabão (8.7.1), esta aliança já existia na Ática desde os tempos remotos de Xuto, pai de Íon.

[7] Demofonte e Acamante são filhos de Teseu, netos de Egeu e bisnetos de Pandíon, antigo rei de Atenas.

[8] Cf. vv. 207-212.

[9] Sobre o facto de o arauto não aparecer nomeado, cf. *supra*, p. 83, n. 78.

[10] Perto do altar divino os fugitivos sentem-se seguros. É que é impensável que alguém ouse cometer a indignidade de arrancá-los daquele refúgio sacrossanto. Deste modo, ao querer levar os filhos de Héracles à força (v. 65), Copreu está a profanar um lugar sagrado e inviolável (cf. vv. 72, 101-104).

Mencionado repetidas vezes (vv. 33, 61, 73, 79, 102-103, 121, 124, 127, 196, 238, 244, 249, 260, 341, 344), o altar de Zeus constitui o espaço privilegiado de *Os Heraclidas,* facto que não é de estranhar, tendo em conta que a tragédia desenvolve o motivo da súplica.

Sobre a importância dramática do *Altarmotiv* (como lhe chama a crítica alemã) na nossa peça, *vide* STROHM (1957: 17-21).

[11] Estamos perante um dos raros exemplos de violência que encontramos em tragédia. Em todo o caso, esta breve tentativa de luta não parece ter durado mais de cinco versos. Como bem observou ROMILLY (1980: 61): "O gesto vence tão facilmente, que parece estar aqui apenas para acentuar uma fraqueza".

[12] Mantivemos o original grego por dois motivos: primeiro, porque não encontrámos em português nenhuma palavra que lhe equivalesse; e depois, porque, neste contexto particular, o sentido de *Agoraios* não é objectivo. Sobre os vários significados possíveis deste epíteto, *vide* ROSIVACH (1978: 33).

[13] Os ramos eram o emblema sagrado dos suplicantes e, como tal, eram causa de poluição para quem os desrespeitasse. O texto grego emprega o verbo μιαίνω, que contém precisamente essa ideia de poluição ritual.

[14] Na esteira de Murray, Diggle assinala uma lacuna de um trímetro iâmbico entre o v. 76 e o v. 77, muito embora o sentido do texto em nada a sugira.

Note-se a configuração fora do habitual deste párodo, que, além de ser dialogado, tem uma mudança de interlocutor após os primeiros versos da antístrofe. É, de facto, o arauto, e não Iolau, quem termina o diálogo com o Coro.

Para uma análise pormenorizada deste párodo, *vide* IRIGOIN (1984).

[15] Os interlocutores do Coro dirigem-se a ele fazendo uso quer da 2.ª pessoa do singular (cf., por exemplo, v. 105), quer da 2.ª pessoa do plural (cf., por exemplo, v. 88). Tal como MÉRIDIER (1925), optámos por manter essa oscilação

do grego; e é por esse motivo que há lugar a frases dissonantes como esta: «Este aqui, ó estrangeiros, que, sem consideração pelos teus deuses, ... ». Cf. vv. 84--85; 93-94.

[16] Ao traduzirmos τὰ προβώμια simplesmente por «altar» procuramos fugir à ambiguidade da palavra, que tanto pode significar 'o espaço em frente ao altar', onde tinham lugar os sacrifícios, como 'a parte que antecede ao altar', onde estavam os degraus.

[17] Ilha montanhosa situada no mar Egeu, ao longo da costa da Ática e da Beócia.

[18] Νησιώτην tem um claro valor pejorativo (cf. *Andr.* 14; e também *Rh.* 701). O tom de desdém é reforçado pelo verbo τρίβω, cujo emprego se encontra comummente associado a vidas de sofrimento e de miséria.

[19] Ao longo da peça não se faz distinção entre as cidades de Micenas e Argos, ambas situadas no Peloponeso, mais concretamente na região conhecida por Argólida.

[20] O texto diz exactamente: «(...) que tomas na tua mão?».

[21] Entendemos os infinitivos ἐκδοθῆναι e μολεῖν como dependentes de μελόμενοι (v. 96). PEARSON (1907: 54), pelo contrário, considera que estes infinitivos vêm no seguimento do v. 94 (ἱκέται σέθεν τε καὶ πόλεως ἀφιγμένοι).

[22] Numa tentativa de resolver as imperfeições da correspondência estrófica, Diggle, seguindo Elmsley e Kirchhoff, assinala aqui uma lacuna de vários versos. O sentido do texto, no entanto, parece ter continuidade.

[23] A proveniência de uma figura acabada de entrar em cena é muitas vezes perceptível pelo seu modo de vestir. Neste caso concreto, a indumentária do arauto é familiar a Demofonte (e, muito provavelmente, aos espectadores da peça). Não assim o seu comportamento, que o soberano qualifica de bárbaro.

A antinomia Grego/Bárbaro, acentuada por razões de ordem histórica (Guerras Medo-Persas), foi um dos temas postos em voga pelos Sofistas e é quase um lugar-comum das tragédias de Eurípides. Normalmente, o contraste definia-se a favor da superioridade grega, atribuída ao conhecimento da justiça e ao uso da razão – como aqui; mas o dramaturgo também era capaz de inverter os termos e mostrar que um Bárbaro podia ser superior a um Heleno, como sucede na *Medeia* (vv. 536 sqq.).

Sobre a oposição Gregos/Bárbaros na Literatura Grega em geral, *vide* Entretiens Hardt, Tome VIII, *Grecs et Barbares* (Genève, 1962), e ainda RIBEIRO FERREIRA, J. (1992: 191-261).

[24] Εἴτ' οὖν εἴτε μὴ γενήσεται. PEARSON (1907: 58) interpreta a forma verbal γενήσεται como impessoal e faz equivaler este passo a A. *Cho.* 378. DIGGLE (1994: 169) chama a atenção para o facto de este verso de Ésquilo ser corrupto e de, por conseguinte, não haver paralelos seguros para o uso impessoal de γενήσεται. Sugere então a marcação de uma lacuna que viesse completar o sentido do v. 149, qualquer coisa como <τὰ σ' ὧδ' ἀσύνετα καὶ φρενῶν τητώμενα>.

[25] 'Ες πάλην καθίσταται δορὸς τὸ πρᾶγμα. Literalmente: «a questão passa para o combate da lança».

[26] Χαλυβδικοῦ [*scil.* σιδήρου]. A elipse é amparada por E. *El.* 819: ὁ δ' εὐκρότητον Δωρίδ' ἁρπάσας χεροῖν.

[27] Copreu dá a entender que, para que Atenas entrasse em guerra por uma causa que não a envolvesse directamente, era preciso que o aliado fosse um digno merecedor do sacrifício. Esta questão da excelência dos aliados por quem se combatia levantava-se com frequência (cf., a título de exemplo, Th. 6. 13).

[28] Tradução aproximada de um passo duvidoso (v. 169) que Diggle transcreve entre *cruces*. O verso tem sido alvo de inúmeras emendas, mas a verdade é que nenhuma das correcções propostas é totalmente satisfatória.

Porque uma das maiores dificuldades desta linha reside no seu carácter elíptico, concordamos com Diggle quando, na esteira de Musso, sugere que se lhe siga uma lacuna *in qua definiretur* ἐλπίς. Nesta perspectiva, podemos conjecturar que o sentido mais provável do v. 169 seguido do texto perdido andaria próximo de «o mais que poderás dizer é só que se te depara a esperança de que os Heraclidas venham a ser teus aliados».

[29] O sentido do texto é pouco claro, mas o mais provável é que PEARSON (1907: 60) esteja correcto ao afirmar que τοῦτο (v.170) se refere a ἐλπίδα (v.169) e que τοῦ παρόντος (que nós traduzimos por «situação actual») deve entender--se como 'a presente oferta de aliança com Argos'.

[30] Cidade que, depois de ameaçada pelos Argivos, se recusara a ajudar os Heraclidas suplicantes. Segundo Hecateu de Mileto (cf. *supra*, p. 35, n. 9), Tráquis foi o primeiro destino importante destes nobres fugitivos.

[31] Este passo tem uma lacuna que a métrica põe em evidência. Triclinius, na sua segunda revisão, propõe <βάρος>. Reiske sugere antes <πάρος>, conjectura que tem a vantagem de marcar mais o contraste entre as duas ordens de valores presentes no texto – a honra e a vida.

[32] Esta mesma ideia já vinha expressa em Pi. *P.* 1.83-84.

[33] O vocábulo πάλιν (v. 209) tem sido entendido das mais diversas formas. Seguimos a interessante interpretação de RICHARDSON (1957). Note-se a

variação artística do poeta ao fazer descender a primeira genealogia (de Pélops a Demofonte) e ascender a segunda (dos Heraclidas a Pélops), habilidade literária a que o mesmo Richardson chama 'quiasmo genealógico'.

[34] Pélops é o herói epónimo de toda a Península ("Peloponeso" é a "ilha de Pélops") e o primeiro vencedor dos Jogos Olímpicos. A filha anónima de Pélops é Lisídice (cf. Plu. *Thes.* 7). De acordo com uma outra versão (cf. Apollod. 2.4.5), a mãe de Alcmena é Anaxo, filha de Alceu.

[35] Referência à expedição de Héracles ao país das Amazonas para conquistar o cinto da rainha Hipólita para Admete, a filha de Euristeu. No epíteto πολυκτόνος (à letra: «assassino de muitos») está, muito provavelmente, uma alusão às violentas hostilidades entre a comitiva de Héracles e as Amazonas.

O texto não deixa evidente qual foi a dívida contraída pelo pai de Demofonte neste episódio, o que, desde cedo, levou grande parte da crítica a inclinar-se para a perda de alguns versos com o seguimento do raciocínio de Iolau. Segundo a tradição, Teseu recebeu Antíope como recompensa pelos serviços prestados a Héracles naquela difícil missão. Uma possibilidade é que Antíope fosse a mãe de Demofonte, como dizia Píndaro (cf. Plu. *Thes.* 28).

Dobree foi o primeiro a sugerir uma lacuna depois do v. 217. A pertinência desta proposta é ainda corroborada pela incoerência sintáctica entre os vv. 215--217 e o v. 218, onde tem lugar uma inexplicável mudança da primeira pessoa para a terceira.

[36] No decurso do seu «décimo trabalho», Héracles libertou Teseu do seu cativeiro nos Infernos.

[37] Tradução não literal de um passo sintacticamente problemático, mas cujo sentido geral é claro.

Várias emendas têm sido apresentadas numa tentativa de resolver a desconformidade da sequência: ἄντομαι καὶ καταστέφω καὶ πρὸς γενείου. Nenhuma delas, no entanto, é totalmente satisfatória. A sugestão de Diggle de transformar καταστέφω em καταστέφων, apesar de bastante aceitável, não consegue porém evitar a assimetria frásica que resulta da união de um particípio a uma expressão preposicional. Para uma discussão das várias conjecturas levantadas a propósito deste passo, *vide* DIGGLE (1994: 51-53).

O modo de implorar de Iolau não foge muito à atitude clássica do suplicante: tocar com a mão direita na barba e com a esquerda nos joelhos (cf. Hom. *Il.* 1.500-501). Estes versos (226-227) equivalem simultaneamente a uma rubrica de cena.

[38] A lição manuscrita (συμφορᾶς) não faz sentido. Traduzimos de acordo com o texto de Diggle, que adopta a atraente correcção de Schmidt (συννοίας). Esta emenda, que encontra apoio em *Andr.* 805, tem ainda a seu favor o facto de se situar no mesmo campo semântico da palavra σύνεσις, que é uma inovação que Eurípides introduz em *Or.* 396.

[39] O carácter coloquial da expressão καὶ τάδ' ἀγχόνης πέλας (v. 246) é demonstrado por *Aeschin.* 2. 38: τοῦτο δὲ ἦν ἄρα ἀγχόνη καὶ λύπη τούτῳ. Cf. A. *Eu.* 746; S. *OT* 1374; E. *Alc.* 229.

[40] Os Gregos viam os arautos como indivíduos sagrados e invioláveis, e, por conseguinte, atribuíam graves culpas a quem contra eles atentasse. Há uma versão do mito dos Heraclidas (Philostr. *VS* 550) que conta que o arauto de Euristeu foi morto pelos Atenienses e que, em memória e em expiação deste crime, os efebos da cidade usavam túnicas negras (cf. WILKINS (1990: 329)).

É muito provável que esta intervenção do Coro (v. 271) trouxesse ao espírito da audiência a morte recente de Antemócrito, um arauto ateniense supostamente morto pelos habitantes de Mégara (cf. Paus. 1.36.3; Plu. *Per.* 30.3).

Sobre o carácter sagrado dos arautos, *vide* RIBEIRO FERREIRA, J. (1992: 176-177).

[41] Literalmente, πάγχαλκον αἰχμήν significa «conjunto de soldados armados de lanças de bronze». Sobre o anacronismo da lança de bronze, *vide* SNODGRASS (1967: 37-38). Cf. v. 161, onde se refere o uso do ferro.

[42] Referência à cidade de Mégara, de que Alcátoo se tornara rei ao desposar Evecme, a filha de Megareu. Filho de Pélops, Alcátoo pertence a uma geração muito anterior à de Demofonte e à dos Heraclidas. Lembremo-nos de que Teseu e Héracles eram já bisnetos de Pélops (cf. vv. 207-211). Esta designação de Mégara como «território de Alcátoo» constitui, portanto, um outro anacronismo presente na peça.

[43] Já em Homero o imperativo de φθείρεσθαι funcionava como uma imprecação (cf. *Il.* 21. 128). É interessante notar que φθείρου encerra dois sentidos distintos – destruição e afastamento. Em português moderno corrente, a melhor tradução desta associação de ideias seria, sem dúvida, «vai para o inferno!». Porque não convinha utilizarmos aqui esta expressão, uma vez que entraria em conflito com a escatologia grega do séc. V a. C., optámos por traduzir φθείρου por «vai em má hora!», maldição tão do gosto do nosso Gil Vicente.

Este uso de φθείρεσθαι é claramente um dos coloquialismos de Eurípides, e como tal apresentado por Denniston, J. D., no seu comentário ao v. 234 da *Electra* do mesmo autor (Oxford, 1939). Cf. o emprego coloquial da palavra em Aristófanes (*Ach.* 460, *Pl.* 598, 610).

[44] Note-se como a palavra ψυχή é aqui utilizada com o sentido homérico de «vida». Sobre a evolução semântica deste vocábulo, *vide* ROCHA PEREIRA, M. H. (1998: 248-249).

[45] Na esteira de Niejahr, os melhores especialistas da peça (incluindo Diggle), assinalam os vv. 299-301 como interpolados. O tema do casamento das crianças introduzido por este passo, não é, de facto, relevante para a reflexão de Iolau sobre a εὐγένεια. A proposta de Musgrave (γάμων em vez de γαμεῖν) não resolve o problema, já que continua a vir a despropósito a referência à nobreza

da mãe, numa peça em que, como diz ZUNTZ (1955: 111): "εὐγένεια advém exclusivamente de Héracles".

Para complicar ainda mais a questão, Estobeu (4.29c.46) cita estes versos 299-301 como sendo de *Os Heraclidas,* mas, em 4.25.3, ao transcrever os vv. 297-298, faz-lhes seguir uma linha que não aparece na nossa peça. Também Oríon cita os vv. 297-298 desta mesma forma, não indicando contudo a sua proveniência. Para um pertinente comentário sobre estes testemunhos externos ao drama, *vide* ZUNTZ (1955: 110).

Tendo em conta o conjunto das evidências, pensamos que a solução mais razoável será mesmo aceitarmos o texto tal como ele chegou até nós (γαμεῖν), mas entendendo os três versos como espúrios, muito provavelmente provenientes de outra peça de Eurípides.

[46] Seguindo Elmsley, Diggle assinala aqui uma lacuna de um verso. Tal como WILKINS (1993: 90), afigura-se-nos realmente muito provável a falta de algumas palavras depois do v. 311, não tanto para desfazer a construção zeugmática presente em δώματ' οἰκήσητε καὶ τιμὰς πατρὸς, como para deixar evidente que os Atenienses são o complemento directo de νομίζετε. A proposta de Elmsley é <πάλιν λάβητε, τῆσδε κοιράνους χθονὸς>.

[47] Os Pelasgos terão sido os primeiros habitantes da Argólida. Talvez por esse motivo, Eurípides identifica-os frequentemente com os Argivos (cf. *HF* 464, *Or.* 857, *Ph.* 107).

[48] Porque não aceita que ἀλλ' ὅμως venha no seguimento de um particípio, Diggle, na esteira de Wecklein, propõe a eliminação do v. 319 e a interpretação de ἀλλ' ὅμως como uma expressão elíptica. Temos, no entanto, de concordar com Wilkins, quando este alega que, neste caso particular, é muito difícil aceitar um ἀλλ' ὅμως sem continuação, e que, se o v. 319 for atetizado, o texto fica sem sentido. Segundo nos parece, o mais razoável será mesmo mantermos a lição dos códices.

[49] Este tópico do elogio no Hades vinha já em Homero (*Od.* 11.506-540).

Note-se ainda a referência discreta de Iolau à sua própria morte, que fica limitada à expressão καὶ θανών, ὅταν θάνω (v. 320).

[50] Como explicou pertinentemente MÉRIDIER (1925: 210, n. 1), δόμους não se refere aqui ao templo que se ergue ao fundo da cena, mas sim ao palácio real de Demofonte. De outra forma, os vv. 342-343 não fariam sentido.

[51] Sobre a imprudência de deixar o altar, local de refúgio por excelência, *vide* BURNETT (1971: 159-160).

[52] Como realçou WILKINS (1993: 94), os comparativos θεοῖσι οὐ κακίοσιν (v. 347) e θεῶν ἀμεινόνων (v. 351) não devem ser entendidos como uma insinuação de que Atena é melhor σύμμαχος do que Hera, mas sim de que não há nenhum deus superior a Atena.

[53] Χαλλιχόροις. Palavra que, por tradição, indicava o local onde se praticava a dança. O texto diz exactamente: «Atenas de belos recintos de dança».

[54] Referência a Euristeu, filho de Esténelo e de Nicipe.

[55] Cf. *supra*, n. 41.

[56] A emenda de Elmsley para o v. 379, εὖ χαρίτων por εὐχαρίστως, foi adoptada por todos os editores da peça. Efectivamente, estamos perante uma correcção muito simples do ponto de vista paleográfico: em primeiro lugar, porque na *scriptio continua* seria uma só palavra; depois, porque as irregularidades de acentuação são muito comuns por parte dos copistas; e ainda, porque a eliminação do ς antes do τ, assim como a troca do ς final, são fenómenos explicáveis pelo desdobramento errado de uma abreviatura.

Sintacticamente, εὖ χαρίτων deve considerar-se um exemplo do 'emprego mais livre do genitivo', tal como é definido por Kühner-Gerth, vol. I, § 419.1, onde se cita este passo e vários outros, alguns do próprio Eurípides.

A palavra χάρις pode ser entendida de várias formas. Em nossa opinião, neste contexto particular, o mais correcto será associá-la à ideia de 'generosidade'. Não rejeitamos, todavia, por completo, a hipótese defendida por PEARSON (1907: 78-79) que a vê aqui empregada na sua acepção de 'beleza'.

[57] Nesta máxima de Iolau (vv. 387-388) há uma clara reminiscência de A. *Pers*. 827-828: Ζεύς τοι κολαστὴς τῶν ὑπερκόμπων (ὑπερκόπων Blomfield) ἄγαν / φρονημάτων ἔπεστιν, εὔθυνος βαρύς.

[58] Não traduzimos τὰ νῦν δορὸς porque não faz sentido neste contexto. Para as muitas tentativas de restauração do texto, todas elas insatisfatórias, *vide* WILKINS (1993: 100-101). Este mesmo autor levanta a hipótese de uma lacuna depois do v. 396, que viesse conferir sentido àquelas palavras, mas não adianta nenhuma proposta concreta. Diggle coloca o texto entre *cruces*, sugerindo, todavia, no aparato crítico, uma hipótese de emenda (τοὐνθένδ' ὅροις), sobre a qual ele mesmo admite ter dúvidas.

[59] Os vv. 399-401 referem duas actividades distintas, ligadas à prática corrente de sacrifícios antes de uma batalha: o aprontar das vítimas, que eram colocadas de pé no campo de batalha; e os sacrifícios dos adivinhos, na cidade. Diz-nos PRITCHETT (1971: 110), a propósito destes rituais de imolação: "Os sacrifícios que envolviam adivinhação, τὰ ἱερά , (...) eram feitos no acampamento ou na cidade, antes da partida para a batalha. Durante estes sacrifícios, os presságios tinham de ser interpretados como favoráveis, para que se pudesse dar início ao combate. Os sacrifícios chamados σφάγια (...) eram de natureza suplicatória e propiciatória; tinham lugar imediatamente antes do começo da batalha e, por vezes, até depois do envio das tropas".

Traduzimos de acordo com a ordenação dos versos proposta por Diggle, que desloca o v. 402 para depois do v. 409. Na opinião deste estudioso, o v. 402 não pode vir no seguimento do v. 401. É que ele contém uma observação inadequada a este contexto, já que os sacrifícios eram oferecidos com o propósito de obter bons agouros, e não para garantir a derrota dos inimigos. Por outro lado, o dramaturgo não estaria desatento ao ponto de fazer terminar duas linhas tão próximas, como são a 402 e a 405, com a mesma palavra: σωτήρια. Diggle considera que o mais provável é que o v. 402 seja o remate da ideia contida nos vv. 408-409. De facto, o que há-de assegurar a salvação da cidade e a derrota dos adversários é o sacrifício de uma virgem nascida de nobre pai. Esta conjectura é apoiada por vários outros passos de Eurípides, onde se encontram sequências de raciocínio paralelas. *Vide* DIGGLE (1994: 223).

[60] Este verso tem sido considerado espúrio a partir de Wilamowitz. Efectivamente, o uso da palavra λόγια é suspeito: primeiro, porque é um termo da prosa (cf. Th. 2.8.2.); depois, porque vai ligar-se aos neutros do plural do v. 404, que fazem sentido por si mesmos. Contra si, o v. 405 tem ainda o facto de terminar em σωτήρια, tal como o v. 402 (cf. n. anterior), repetição sem qualquer força retórica, como bem observou WILKINS (1993: 104).

[61] Trata-se de Perséfone (por vezes mencionada apenas como Core), esposa de Hades e, como tal, rainha dos Infernos.

[62] Concordamos com PEARSON (1907: 83) quando ele afirma que nestes versos se encontra uma clara alusão aos princípios da democracia ateniense. WILKINS (1993: 106), no entanto, opõe-se a esta ideia. Sobre o tópico da democracia na tragédia, cf. *supra,* p. 77, n. 42.

Sobre a antinomia Gregos/Bárbaros, cf. *supra,* n. 23.

[63] Esta ideia de que a morte é causa de satisfação para os inimigos aparece várias vezes repetida em Eurípides. Cf. *Med.* 383; *HF* 285, 732-733. WILKINS (1993: 104) e PEARSON (1907: 83) citam também alguns exemplos deste mesmo tópico no teatro sofocliano.

[64] Como é sabido, acolher os estrangeiros e atender às suas súplicas eram normas imperativas que vinham já desde os Poemas Homéricos. Nesta perspectiva, todo aquele que desrespeitasse os seus deveres de hospitalidade era considerado criminoso e merecedor do castigo divino. Daí a preocupação do Coro com as possíveis acusações de Iolau.

Sobre este assunto, *vide* RIBEIRO FERREIRA, J. (1992: 167-175).

[65] Sobre o facto de Macária não aparecer nomeada, cf. *supra*, p. 36.

[66] Adoptada por Diggle, a emenda de Jacobs para o v. 486, δρόμος por δόμος, confere à frase um valor metafórico. Como passos paralelos, cf. *HF* 95-96 e *Ion* 1506-1509 (citados por WILKINS (1993: 113)).

[67] Κατάρχεσθ' εἰ δοκεῖ encontra-se entre *cruces* por razões de ordem métrica, uma vez que vai contra a chamada 'Lei de Porson'. WEST, M. L.,

Greek Metre (Oxford, 1982) pp. 84-85 inclui este exemplo, juntamente com outros, nos casos mais refractários de violação dessa lei.

[68] Κελεύεις (v. 558) é muito provavelmente um erro, influenciado pela proximidade de κελεύω (v. 556). Diggle colocou a palavra entre *cruces*, a despeito das correcções apresentadas por Nauck (ἔλεξας) e por Rauchenstein (παραινεῖς).

Porque o mais natural é que παρών (v. 561) venha imediatamente antes de παρεστάναι (564), a ordem das linhas 558-564 tem vindo a ser alterada nesse sentido. Traduzimos segundo a ordenação proposta por Schenkl (e seguida depois por Diggle), que nos parece bastante lógica: 558, 559, 562, 563, 560, 561, 564. Para outras hipóteses de arrumação do texto, *vide* WILKINS (1993: 122), que entende que qualquer das sequências sugeridas faz mais sentido se o v. 562 for eliminado.

[69] É interessante notar como Demofonte alude a «muitos motivos» e, em seguida, especifica apenas dois. Encontramos um passo análogo em *Med.* 719--720.

[70] O significado da expressão ἐς τὸ πᾶν é ambíguo. Traduzimo-la de acordo com a interpretação de PEARSON (1907: 98) – «em tudo» –, embora alguns críticos lhe atribuam o sentido de «para sempre».

[71] No lugar de παρθενείας («virgindade») esperaríamos encontrar γάμου («casamento»). WILKINS (1993: 127) admite duas interpretações diferentes do texto: ou se dá a παρθενεία o sentido negativo de 'casamento que não se teve' (tal como nós fizemos); ou então, na esteira de MÉRIDIER (1925: 218, n. 2), altera-se ligeiramente o sentido de ἀντί («em vez dos filhos / em compensação da minha virgindade»).

[72] Estas dúvidas de Macária quanto à existência ou não de vida após a morte aumentam extraordinariamente o dramatismo da cena (cf. *supra*, p. 53).

Vem a propósito salientar a diversidade de crenças no além, entre os Gregos, em geral, e em Eurípides, em particular. Sobre o assunto, *vide* ROCHA PEREIRA, M. H. (1955: 69-72).

[73] O cobrir a cabeça em sinal de contrição ou de desespero é uma atitude muito frequente na tragédia. Cf. E. *Hec.* 432-433; *HF* 1226-1227; *Supp.* 110, 286; *Ion.* 967; e ainda, A. *Ch.* 80 e S. *Aj.* 245.

[74] A lição ἀλῆταν é metricamente inaceitável, mas nenhuma das emendas propostas (ἀλίταν, ἀλέταν, ἀτίταν) é satisfatória. Por este motivo, vários editores (Diggle incluído) colocam a palavra entre *cruces*.

[75] É possível interpretar-se o texto de dois modos diferentes, conforme se faz o entendimento sintáctico de ἀεί. Traduzimos de acordo com a perspectiva de PEARSON (1907: 101), que liga o advérbio a πρόθυμος. Se juntássemos ἀεί

a πόνον, hipótese que também não é de rejeitar, teríamos «e quem se esforçar, terá em vão um sofrimento contínuo».

[76] Ao admitir abertamente que Macária, uma estrangeira, deu a sua vida por Atenas, o Coro está a conferir uma maior importância à morte da jovem.

[77] Para outras cenas semelhantes a esta, em que alguém que chega de novo não é capaz de ver quem está prostrado, cf. *Hec.* 484-487, 726-735; *HF* 1163 sqq.; *Or.* 356 sqq. (passos citados por WILKINS (1993: 132)).

[78] Apesar de no original estar πάρεσμεν, traduzimos pelo singular, tendo em vista uma maior clareza do sentido do texto. Uma versão literal poderia induzir-nos no erro de pensarmos que Alcmena estava ali, junto de Iolau. Procedimento semelhante adoptámos nos vv. 665 e 666.

[79] A incapacidade de uma nova personagem em compreender o que se está a passar é outra situação bastante comum. Cf., a título de exemplo, A. *Ch.* 838 sqq. e S. *El.* 1442 sqq. (passos citados por WILKINS (1993: 135)).

[80] Por motivos de expressividade, traduzimos χερί («mão») por «dedo».

[81] É curioso notar que o Servo não aludira ainda à chegada de Hilo.

[82] Está claramente subentendido um primeiro χαῖρε a Hilo.

[83] Cf. vv. 399-400.

[84] Musgrave foi o primeiro a mostrar-se insatisfeito com a ordem das linhas 683-691. De facto, o v. 684 não é motivado pelo v. 683, mas sim pelo v. 687, que, por sua vez, não tem uma réplica conveniente no v. 688. Por outro lado, o mais lógico era que os vv. 684 e 686, que contêm os comentários mais desdenhosos do Servo, viessem logo antes do v. 691, altura em que Iolau tenta pôr um ponto final na conversa. A sequência proposta por ZUNTZ (1955: 113-114) resolve todos estes problemas de forma satisfatória. Devemos pois entender o texto na ordem seguinte: 683, 688-690, 687, 684-686, 691.

[85] Iolau apodera-se das armas que tinham sido dedicadas a Zeus. Esta tomada dos aprestos guerreiros que se encontravam nos templos dos deuses vitoriosos parecia ser uma prática corrente (cf. E. *Andr.* 1122 e *Tr.* 575). Não se sabe, todavia, até que ponto esse acto seria legítimo. Sobre este assunto, *vide* PRITCHETT (1979: 240-295).

[86] Diggle segue a correcção de Vitelli para o v. 710 (**<τέκνου>** τέκνοις ἐμοῖς). Esta proposta é, de longe, a mais aceitável, na medida em que faz da lacuna um simples erro devido à haplografia e, ao mesmo tempo, restaura o texto com a expressão mais comum para dizer 'netos'. Cf., a título de exemplo, *Andr.* 584, 1063; *Ba.* 1327-1328; *IA* 784 (passos citados por Diggle no aparato crítico).

[87] É curioso notar o uso do verbo παιδαγωγεῖν («conduzir uma criança») aplicado a um velho, numa aproximação da impotência física causada pela idade à desprotecção das crianças. Situação semelhante acontece em E. *Ba.* 193: γέρων γέροντα παιδαγωγήσω σ' ἐγώ.

[88] Ὄρνιθος tem aqui o sentido de «augúrio», «presságio», referindo-se, muito provavelmente, ao acto de tropeçar. WILKINS (1993: 143), todavia, não encontra na Literatura Grega paralelo para este auspício negativo.

[89] Na expedição que empreendeu contra Esparta, Héracles tinha como principal objectivo punir Hipocoonte e os seus filhos pela morte do seu sobrinho Eono, filho de Licímnio (cf. Paus. 3.15.4-5; Apollod. 2.7.3; Str. 10.2.24; D.S. 4.33). Iolau nunca é mencionado, mas a sua presença está implícita no relato de Diodoro.

[90] A lição ἐνέγκατ' dos códices não serve por razões métricas. A emenda de Wilamowitz (ἐνέγκαι), apoiada por Diggle e rejeitada por Zuntz, parece-nos aceitável. De facto, se bem que não muito frequente, esta construção de infinitivo com valor imperativo tem alguns paralelos em Homero e mesmo no próprio Eurípides. *Vide* WILKINS (1993: 147).

Para uma boa interpretação desta difícil estrofe (vv. 748-758) na sua globalidade, *vide* ZUNTZ (1955: 115-119). A este propósito, queríamos salientar que, tal como este último estudioso, entendemos os vv. 755-758 como o conteúdo da mensagem (ἀγγελίαν) a que alude o v. 751. Importante é ainda referir que, no v. 756, ὑπέρ (emenda de Nauck) rege dois genitivos (γᾶς e δόμων).

[91] O mais provável é que θρόνον ἀρχέταν se refira ao trono de Zeus, como diz ZUNTZ (1955: 118).

[92] Em γλαυκᾶς Ἀθάνας há uma clara reminiscência do epíteto homérico da deusa (γλαυκῶπις: «de olhos brilhantes» ou «de olhos de coruja»).

[93] Rigorosamente, πολιῷ significa «cinzento». Já na *Ilíada* (9.365) encontrávamos este epíteto a qualificar σίδηρος.

[94] A conjectura de Kirchhoff para a restauração da lacuna existente no v. 769 tem sido aceite pelos principais editores de *Os Heraclidas:* ἥσσους **<δαίμονες>** ἔκ γ' ἐμοῦ φανοῦνται.

[95] Ὦ πότνια é um apelo a Palas Atena. Contra a teoria daqueles que, como Wilamowitz, afirmam que μάτηρ (vv. 771-772) não pode estar a referir-se à deusa virgem, dois argumentos são geralmente alegados: por um lado, que a palavra μήτηρ surge num outro passo (Hom. *Il.* 23.783) associada a Atena, com o sentido de 'protectora'; e, por outro lado, que há uma tradição que faz da deusa a mãe de Erictónio, filho de Hefestos (cf. Apollod. 3.14.6).

[96] Referência às Panateneias, festa dedicada a Atena, onde tinha lugar uma hecatombe em honra da deusa. Para uma explicação de toda esta estrofe (vv. 777-783) à luz das várias cerimónias realizadas em Atenas na altura das Panateneias, *vide* MÉRIDIER (1925: 225, n. 3).

[97] Sobre a problemática que envolve a identidade desta figura, cf. *supra*, p. 58, n. 51.

[98] Tradução aproximada de um passo corrupto, que Diggle transcreve entre *cruces*. O texto apresenta várias dificuldades, a maior das quais é a expressão ἐμοί τε τῷδε que, para além de improvável (já que o uso de ὅδε com o pronome pessoal não se encontra atestado na tragédia), não é adequada ao contexto, pois a ênfase devia estar no σοί e não no ἐμοί.

[99] Neste complexo passo, a maior dificuldade reside na lição διήλασεν, que não é apropriada ao contexto, uma vez que o único significado que aqui lhe conviria ("elevar de condição") não tem paralelos. WILKINS (1993: 153) levanta a hipótese de uma lacuna depois do v. 788, que tivesse um sentido próximo de <da escravidão à liberdade>, não apresentando, no entanto, uma proposta concreta de restauração do texto grego. Vários outros estudiosos têm optado por tentar corrigir a palavra, mas nenhuma solução satisfatória foi ainda encontrada. Diggle coloca διήλασεν entre *cruces*, sugerindo, todavia, no aparato crítico, διώλβισεν, emenda que, na verdade, poderia resolver a questão, mas que tem contra si o facto de a composição de διά + ὀλβίζειν não estar atestada. Para um estudo mais pormenorizado dos problemas levantados por este passo, *vide* DIGGLE (1994: 53-54).

[100] Mais um passo corrupto, para o qual não se encontrou ainda uma solução satisfatória. O problema está no ὅδε final, cujo emprego é bastante estranho, uma vez que sugere a presença de Iolau em cena. Ora, como bem demonstrou ZUNTZ (1955: 122-124), o seguimento do diálogo mostra claramente que o ancião está ausente, e, como tal, neste contexto, apenas faria sentido uma pergunta sobre a sua sorte na batalha, qualquer coisa como a tradução que apresentamos.

[101] Em Eurípides, os relatos de mensageiro começam sempre sem qualquer introdução. Este comentário (v. 799) é nitidamente uma excepção à regra.

[102] Texto pouco seguro. Diggle adoptou a emenda de Heath, τί para ἐπί, e a de Elmsley, εἴασαμεν para εἴα σὰ μέν. As dificuldades, no entanto, subsistem: por um lado, porque o contexto parece exigir o presente e não o aoristo (εἴασαμεν); e depois, porque a passagem do v. 805 para o v. 806 é, sem dúvida, muito brusca. Neste sentido, e na esteira de Heath, os melhores editores da peça (Diggle incluído) têm optado por marcar uma lacuna depois do v. 805, o que se nos afigura, de facto, a melhor solução.

[103] Consumação dos sacrifícios referidos anteriormente, nos vv. 399-400 e 673.

Traduzimos de acordo com a emenda de Helbig adoptada por Diggle, βοείων em vez de βροτείων. Parece-nos, de facto, muito pouco provável que a lição manuscrita esteja correcta, já que a referência aos sacrifícios 'humanos' (onde muitos dos estudiosos vêem uma alusão à própria morte de Macária) seria de uma brusquidão e de uma brevidade assombrosas. Cf. *supra*, p. 32.

Para um estudo pormenorizado deste assunto, *vide* WILKINS (1993: 158--160).

[104] Traduzimos de acordo com a excelente emenda de Diggle, ἔχριμπτον por ἔκρυπτον. *Vide* DIGGLE (1994: 226-228).

[105] Muito embora a lição τοῦ κελεύσματος (v. 838) seja inquestionavelmente corrupta, o sentido da frase é, todavia, bastante claro. Diggle coloca este passo entre *cruces*, já que não considera aceitável nenhuma das várias propostas de emenda avançadas.

[106] A propósito deste reparo do Mensageiro, *vide supra*, p. 60.

Cf. *Ba.* 629-630, onde Dioniso tece um comentário semelhante.

[107] Não temos informações precisas sobre a localização da batalha, mas este passo leva-nos a concluir que tudo se passou para os lados de Gargeto, já que Palene, o demo em que se encontrava o templo de Atena, situava-se na encosta norte do monte Himeto, que estava precisamente voltada para aquela povoação. O desenlace do combate terá acontecido perto das Rochas Cirónides (v. 860), que se estendem entre Mégara e o Istmo de Corinto.

[108] Filha de Zeus e de Hera, Hebe é a personificação da juventude. É curioso notar como, em Eurípides, esta divindade aparece sempre associada a Héracles (cf. vv. 856-857; 915-918; *Or.* 1686-1687). Esta associação estava já presente em Hom. *Od.* 11.601-604, muito embora este passo seja considerado espúrio por muitos.

[109] Traduzimos τροπαῖε de acordo com a proposta de PEARSON (1907: 122). Há, no entanto, vários outros sentidos possíveis para este epíteto de Zeus: "que dá a vitória", "semeador de derrotas", "senhor dos troféus".

[110] Κρατοῦντα é um dos pontos corruptos da obra que mais propostas de emenda tem recebido (*vide*, a propósito, WILKINS (1993: 168) e PEARSON (1907: 124)). Porque nenhuma delas é totalmente convincente, Diggle transcreve a palavra entre *cruces*.

[111] Cf. vv. 788-789.

[112] Tradução conjectural de um passo corrupto (ἐνὶ δαΐ), tendo em conta que «festim» (que, em grego, seria δαίς, δαιτός) é uma palavra que se situa perfeitamente neste contexto. Das várias emendas propostas, as mais aplaudidas têm sido a de Stinton (ἐν δ' ἀοιδαί) e a de Diggle (ἐνδέδαεν). Ainda assim,

qualquer uma delas levanta dificuldades, facto que leva o próprio Diggle a colocar a expressão entre *cruces*. Para um desenvolvimento deste assunto, *vide* STINTON (1977), WILKINS (1993: 170-171) e DIGGLE (1994: 54-56).

[113] Οὐ δοκούντων pode ser tomado absolutamente ou com o verbo εὐτυχεῖν subentendido. Traduzimos de acordo com a primeira interpretação, que nos parece a mais adequada a este contexto. WILKINS (1993: 171-172) apresenta paralelos para os dois casos.

[114] Alusão à epifania de Héracles.

[115] Tradução livre, proposta por PEARSON (1907: 127), para a frase συμφέρεται τὰ πολλὰ πολλοῖς.

[116] Sobre a provável identidade desta figura, cf. *supra*, p. 58, n. 51.

[117] Pensamos que PEARSON (1907: 128) está certo ao explicar τὴν ἐναντίαν com a elipse de ψῆφον.

[118] Cf. *supra*, n. 109.

[119] A caça ao leão de Nemeia e à hidra de Lerna são dois dos mais conhecidos trabalhos de Héracles.

Várias são as objecções que normalmente se levantam contra a ordem das linhas 947-953: καθυβρίσαι (v. 948) dificilmente poderá seguir ἐφυβρίσαι (v. 947); não há cópula de ligação entre ἔπεμπες (v. 951) e κατήγαγες (v. 949); não é lógico que a descida de Héracles aos Infernos (v. 949) preceda o v. 950. Diggle resolve a situação transpondo os vv. 950-952 para depois do v. 947 (proposta já antes avançada por Wilamowitz) e adoptando a conjectura de Jackson para o v. 947, ἀξιώσας em vez de ἠξίωσας. Traduzimos, assim, pela ordem seguinte: 947, 950-952, 948-949, 953.

[120] Na tradição manuscrita, as linhas 961, 964, 966, 968, 970 e 972 são atribuídas ao Coro, enquanto os vv. 962-963, 965, 967, 969, 971 são dados ao Mensageiro. Com uma válida argumentação (*vide* BURIAN (1977: 16, n. 44)), Tyrwhitt propõe a substituição do Coro pelo Servo. Não com menos razão, Barnes, por sua vez, sugere a permuta do Mensageiro por Alcmena. Tal como Diggle, quase todos os outros editores da peça aceitam as mudanças acabadas de referir. Para um estudo mais alargado deste problema, *vide* ZUNTZ (1955: 125-128).

[121] Este dever de poupar os prisioneiros de guerra era uma das muitas regras obrigatórias entre os Gregos. *Vide,* a este propósito, RIBEIRO FERREIRA, J. (1992: 179-180).

[122] O texto está corrupto mas o sentido geral é claro. Diggle transcreve-o entre *cruces,* muito embora, no aparato crítico, proponha a emenda ὁρᾶν τὸ φῶς ἔτι , apoiado em *Or.* 1523 e em *IA* 1218-1219.

[123] Euristeu e Alcmena tinham Perseu por avô paterno e Pélops por avô materno.

[124] Tradução livre de πάντα κινῆσαι πέτρον («remover toda a pedra»).

[125] O significado destas palavras tem sido objecto de larga discussão. Muitos, porque não encontram um sentido lógico para o texto, dão-no como corrupto, e, como tal, várias propostas de emenda têm sido já formuladas. Ora, segundo nos parece, e na esteira do que diz WILKINS (1993: 187-188), o v. 1015 vem no seguimento das ideias contidas nos vv. 1011-1013, ou seja, Euristeu será προστρόπαιος do seu assassino e γενναῖος para com a cidade que o deixou escapar.

Para mais pormenores sobre este assunto, *vide* PEARSON (1907: 148-150).

[126] A tradição diverge no que diz respeito à localização do túmulo de Euristeu. Pausânias (1.44.10) situa-o entre Mégara e Corinto, enquanto Estrabão (8.6.9) o localiza em Gargeto. Ao colocar a sepultura do rei argivo perto do templo de Atena, Eurípides só podia ter em mente esta última versão, pois, como já vimos (cf. *supra,* n. 107), Palene não está longe de Gargeto.

[127] Como já vimos (cf. o capítulo que dedicámos à 'data'), há aqui uma clara alusão à história contemporânea do autor, ou seja, às invasões da Ática pelos habitantes do Peloponeso.

[128] O pronome não vem expresso no texto original, mas o αὐτοῖς do v. 1042 deixa claro que Euristeu tinha os Heraclidas em mente.

[129] Esta ordem de Alcmena, onde está implícita a recusa de ritos funerários ao corpo de Euristeu, opõe-se claramente aos vv. 1023-1025. Numa tentativa de harmonizar o texto, alguns estudiosos têm vindo a emendar a palavra κυσὶν (v. 1050). Concordamos, todavia, com BURIAN (1977: 19, n. 49), quando este afirma que "Os esforços para ajustar o v. 1050 com a concessão sofística de Alcmena no v. 1023 (πυρί ou κόνει por κυσίν, por exemplo) não são necessários em vista da sua crueldade vingativa e da sua manifesta falta de simpatia, ao longo da peça, pelos escrúpulos atenienenses".

[130] Na esteira de Hermann, muitos são os estudiosos (Diggle incluído) que assinalam uma lacuna depois do v. 1052. Também a nós nos parece necessário supor a falta de algumas linhas neste ponto do texto, que viessem clarificar o sentido da brusca intervenção final do Coro. De facto, tal como chegaram até nós, os vv. 1054-1055 são inquestionavelmente ambíguos. BURIAN (1977: 19, n. 49) fez mesmo um levantamento das várias interpretações possíveis deste passo: (1) "no que nos diz respeito, os nossos soberanos considerar-nos-ão livres de culpa"; (2) os nossos actos não irão envolver os nossos reis num crime de sangue"; (3) "os soberanos certificar-se-ão de que os ritos expiatórios são oportunamente levados a cabo".

Bibliografia

Edições e comentários

ANTONINO LIBERAL

Antoninus Liberalis. Les Métamorphoses. Ed. trad. comm. PAPATHOMOPOULOS, M. (Paris, 1968).

APOLODORO

Apollodorus. The Library. 2 vols. Ed. trad. comm. FRAZER, J. G. (Cambridge, 1921).

ARISTÓFANES

Aristophane. Tome I. Ed. COULON, V. trad. VAN DAELE, H. (Paris, ^{3}1948).

Aristophane. Tome V. Ed. COULON, V. trad. VAN DAELE, H. (Paris, ^{4}1972).

ARISTÓTELES

Aristote. Poétique. Ed. trad. HARDY, J. (Paris, ^{2}1990).

DEMÓSTENES

Démosthène. Plaidoyers Politiques. Tome IV. Ed. trad. MATHIEU, G. (Paris, 1947).

Démosthène. Discours d'apparat. Ed. trad. CLAVAUD, R. (Paris, 1974).

DIODORO DA SICÍLIA

Diodore de Sicile. Bibliothèque Historique. Livre XII. Ed. trad. CASEVITZ, M. (Paris, 1972).

Diodorus of Sicily. Vol. II (Books II, 35—IV, 58). Ed. trad. comm. OLDFATHER, C. H. (Cambridge, [5]1979).

ESTOBEU

Ioannis Stobaei Anthologium. Edd. WACHSMUTH, C. et HENSE, O. (Berolini, [2]1958). 5 vols.

ÉSQUILO

Eschyle. Tome I. Ed. trad. MAZON, P. (Paris, [9]1966).

Eschyle. Tome II. Ed. trad. MAZON, P. (Paris, [9]1968).

ÉSQUINES

Eschyne. Discours. Tome I. Ed. trad. MARTIN, V. et BUDÉ, G. (Paris, 1927).

ESTRABÃO

Strabon. Géographie. Tome V. Livre VIII. Ed. trad. BALADIÉ, R. (Paris, 1978).

Strabon. Géographie. Tome VII. Livre X. Ed. trad. LASSERRE, F. (Paris, 1971).

EURÍPIDES*

Opera omnia

Euripidis Fabulae. I-II-III. Ed. DIGGLE, J. (Oxford, 1984-1994).

Euripide. Tome I. Ed. trad. MÉRIDIER, L. (Paris, 1925); *tome II.* Ed. trad. MÉRIDIER, L. (Paris, 1927); *tome III.* Ed. trad. PARMENTIER, L. et GRÉGOIRE, H. (Paris, 1950); *tome IV.* Ed. trad. PARMENTIER, L. et GRÉGOIRE, H. (Paris, 1948); *tome V.* Ed. trad. GRÉGOIRE, H., MÉRIDIER, L. et CHAPOUTHIER, F. (Paris, 1950); *tome VI* [1]. Ed. comm. CHAPOUTHIER, F., trad. MÉRIDIER, L. (Paris, 1959); *tome VI* [2]. Ed. trad. GRÉGOIRE, H. avec le concours de MEUNIER, J. (Paris, 1961); *tome VII.* Ed. trad. JOUAN, F. (Paris, 1983).

Andromache

Eurípides. Andrómaca. Introd. trad. comm. RIBEIRO FERREIRA, J. (Coimbra, 1971).

Bacchae

Euripides. Bacchae. Ed. introd. comm. DODDS, E. R. (Oxford, 1944).

---

* As edições de Eurípides são citadas nas notas pelo nome do editor.

Heraclidae

Euripidis Fabulae. Tomus I. Ed. MURRAY, G (Oxford, 1902, reimpr. 1963).

Euripides. The Heraclidae. Ed. comm. PEARSON, A. C. (Cambridge, 1907).

Euripides. Heraclidae. Ed. GARZYA, A. (Leipzig, 1972).

Euripides. Heraclidae. Ed. comm. WILKINS, J. (Oxford, 1993).

Phoenissae

Eurípides. As Fenícias. Introd. trad. comm. ALVES, M. S. (Coimbra, 1975).

HERÓDOTO

Hérodote. Histoires. Livre VII. Ed. trad. LEGRAND, Ph.-E. (Paris, 1951).

Hérodote. Histoires. Livre IX. Ed. trad. LEGRAND, Ph.-E. (Paris, 1954).

HISTORIÓGRAFOS (Fragmentos)

Die Fragmente der griechischen Historiker. Ed. JACOBY, F. (Leiden, 1957). [*FgrH* Jacoby].

HOMERO

The Iliad of Homer. 2 vols. Ed. introd. comm. WILLCOCK, M. M. (London, 1978-1984).

The Odissey of Homer. 2 vols. Ed. introd. comm. STANFORD W. B. (London, 1959, reimpr. 1974).

ISÓCRATES

Isocrate. Discours. Tome II. Edd. trad. MATHIEU, G.et BRÉMOND, E. (Paris, [3]1956).

Isocrate. Discours. Tome IV. Edd. trad. MATHIEU, G.et BRÉMOND, E. (Paris, 1962).

LÍSIAS

Lysias. Discours. Tome I (I-XV). Edd. trad. GERNET, L. et BIZOS, M. (Paris, [4]1959).

[LONGINO]

Libellus de Sublimitate Dionysio Longino fere adscriptus. Accedunt excerpta quaedam e Cassii Longini operibus. Ed. PRICKARD, A. O. (Oxonii, [2]1947, reimpr. 1961).

OVÍDIO

Ovide. Les Métamorphoses. Tome II. Ed. trad. LAFAYE, G. (Paris, ^{4}1965).

PAUSÂNIAS

Pausaniae Graeciae Descriptio. 3 vols. Ed. ROCHA PEREIRA, M. H. (Leipzig ^{2}1989-1990).

PÍNDARO

Pindare. Tome II: Pythiques. Ed. trad. PUECH, A. (Paris, ^{2}1951).

PLUTARCO

Plutarque. Oeuvres Morales. Tome VII-1. Ed. trad. DUMORTIER, J. avec la collab. de DEFRADAS, J. (Paris, 1975).

Plutarch's Moralia. Vol. XIII (Part II). Ed. trad. comm. CHERNISS, H. (Cambridge, 1976).

Plutarch's Lives. Vol. I. Ed. trad. PERRIN, P. (Cambridge, 1967).

Plutarch's Lives. Vol. III. Ed. trad. PERRIN, P. (Cambridge, 1967).

SÓFOCLES

Sophocle. Tome I. Ed. DAIN, A., trad. MAZON, P. (Paris, ^{3}1967).

Sophocle. Tome II. Ed. DAIN, A., trad. MAZON, P. (Paris, ^{3}1968).

TUCÍDIDES

Thucydide. La guerre du Péloponnèse. Livre I. Ed. trad. ROMILLY, R. (Paris, ^{2}1958).

Thucydide. La guerre du Péloponnèse. Livre II. Ed. trad. ROMILLY, R. (Paris, 1962).

Thucydide. La guerre du Péloponnèse. Livre III. Ed. trad. WEIL R. avec la collab. de ROMILLY, J. (Paris, ^{2}1969).

Thucydide. La guerre du Péloponnèse. Livres IV et V. Ed. trad. ROMILLY, J. (Paris, 1967).

CONCORDÂNCIA

Allen, J. T., Italie, G., *A Concordance to Euripides* (Berkeley/London 1954, reimpr. Groningen, 1970).

AÉLION, R. 1983. *Euripide héritier d' Eschyle*. Paris (2 vols).

AÉLION, R. 1986. *Quelques grands mythes héroïques dans l'oeuvre d'Euripide*, Paris.

ALBINI, U. 1993. «La falsa convenzionalità degli *Eraclidi*» *SIFC* 86, 106-111.

ALSINA CLOTA, J. 1958. «Studia euripidea, III: El problema de la mujer en Euripides», *Helmantica* 9, 87-131.

ARROWSMITH, W. 1964. «Euripides' Theater of Ideas», in GASSNER, J. (ed.), *Ideas in the Drama*, Columbia [reimpr. 1968 in SEGAL, E. (ed.), *Euripides*, New Jersey, 13-33].

AVERY, H. C. 1971. «Euripides' *Heracleidai*», *AJPh* 92, 539-565.

BARLOW, S. 1971. *The Imagery of Euripides*, London.

BLAIKLOCK, E. M. 1952. *The Male Characters of Euripides,* Wellington.

BORDAUX, L. 1992. «Exil et exilés dans la tragédie d'Euripide», *Pallas* 38, 201-208.

BOROWSKA, M. 1989. *Le théâtre politique d' Euripide: problèmes choisis,* Varsovie.

BREITENBACH, W. 1967. *Untersuchungen zur Sprache der Euripideischen Lyrik,* Hidesheim.

BURIAN, P. 1977. «Euripides' *Heraclidae*. An interpretation» *CPh* 72, 1-21.

BURKERT, W. 1966. «Greek Tragedy and sacrificial Ritual», *GRBS* 7, 87-121.

BURKERT, W. 1981. «Mythos und Mythologie» in *Propyläengeschichte der Literatur, I,* Berlin, 11-35 [trad. port.: «Mito e Mitologia», Coimbra, 1987].

BURKERT, W. 1983. *Homo necans. The Anthropology of Ancient Greek Sacrificial Ritual and Myth,* Berkeley.

BURNETT, A. P. 1971. *Catastrophe Survived. Euripides' Plays of mixed Reversal,* Oxford.

BURNETT, A. P. 1976. «Tribe and city, custom and decree in *Children of Heracles*» *CPh* 71, 4-26.

CARRIÈRE, J. 1973. «La tragédie grecque, auxiliaire de la justice et de la politique», *Stud Clas* 15, 13-21.

CEADEL, E. B. 1941. «Resolved Feet in the Trimeters of Euripides and the Chronology of the Plays», *CQ* 35, 66-89.

CONACHER, D. J. 1967. *Euripidean Drama. Myth, Theme and Structure,* Toronto.

CROPP, M. 1980. «*Herakleidai* 603-4, 630 ff. and the question of the mutilation of the text», *AJPh* 101, 283-286.

DEFORGE, B. 1995. «Les enfants tragiques», *Actes du VIIe colloque du Centre de Recherches Mythologiques de l'Université de Paris,* Paris, 105-121.

DESERTO, J. 1998. *Figuras sem nome em Eurípides,* Lisboa.

DEVEREUX, G. 1971. «The psychosomatic miracle of Iolaos. A hypothesis», *PP* 26, 167-195.

DIGGLE, J. 1994. *Euripidea. Collected Essays,* Oxford.

DURAND, R. 1967. «L'actualité politique dans les *Héraclides* d'Euripide. Éléments pour une datation», *Orpheus* 14, 13-31.

FITTON, J. W. 1961. «The *Suppliant Women* and the *Herakleidai* of Euripides», *Hermes* 89, 430-461.

GARZYA, A. 1953. «Varia Philologa», *Emerita* 21, 111-122.

GARZYA, A. 1956. «Studi sugli *Eraclidi* di Euripide», *Dioniso* 19, 17-40.

GARZYA, A. 1957. «Studi sugli *Eraclidi* di Euripide II», *Dioniso* 20, 63-71.

GARZYA, A. 1962. *Pensiero e tecnica drammatica in Euripide*, Napoli.

GOOSSENS, R. 1962. *Euripide et Athènes*, Bruxelles.

GRUBE, G. M. A. 1941. *The Drama of Euripides,* London.

GUERRINI, R. 1972. «La morte di Euristeo e le implicazioni etico-politiche negli *Eraclidi* di Euripide», *Athenaeum* 50, 45-67.

HALLERAN, M. R. 1985. *Stagecraft in Euripides,* London.

HARSH, P. W. 1965. *A Handbook of Classical Drama*, California.

HENRICHS, A. 1981. «Human sacrifice in Greek religion; three case studies» in *Le sacrifice dans l'antiquité.* Entretiens Hardt. Tome XXVII, Genève, 195-242.

IRIGOIN, J. 1984. «La parodos des *Héraclides* d'Euripide», *Cahiers d'orientalisme* 10, 13-21.

IRIGOIN, J. 1988. «La composition des *Héraclides* d'Euripide (prologue et premier épisode)», *Studi F. della Corte* 1, 157-164.

KIRK, G. S. 1981. «Some methodological pitfalls in the study of ancient greek sacrifice (in particular)» in *Le sacrifice dans l'antiquité.* Entretiens Hardt. Tome XXVII, Genève, 41-90.

KITTO, H. D. F. 1966. *Greek Tragedy,* London [trad. port.: *A Tragédia Grega,* 2 vols. Coimbra, 1972].

KOVACS, C. 1988. «Coniectanea Euripidea», *GRBS* 29, 122-124.

LESKY, A. 1964. *Die griechische Tragödie,* Stuttgart (3ª ed.)[trad. port.: *A Tragédia Grega*, São Paulo, 1971].

LESKY, A. 1972. *Die tragische Dichtung der Hellenem,* Göttingen (3ª ed.)[trad. ingl.: *Greek Tragic Poetry,* Yale University Press, 1983].

LESKY, A. 1977. «On the *Heraclidae* of Euripides», *YCIS* 25, 227-238.

LLOYD, M. 1992. *The agon in Euripides,* Oxford.

LÓPEZ FÉREZ, J. A. 1977. «Algunas notas sobre el testo de los *Heraclidas* de Eurípides», *Emerita* 45, 55-60.

MARCH, J. 1990. «Euripides the misogynist?» in POWELL, A. (ed.), *Euripides, Women and Sexuality* , London, 32-75.

McDONALD, M. 1978. *Terms for happiness in Euripides*, Göttingen.

McLEAN, J. H. 1934. «The *Heraclidae* of Euripides», *AJPh* 197-224.

METTE, H. J. 1963. *Der Verlorene Aischylos,* Berlin.

MOURA NEVES, M. H. 1980. «O pensamento político em Eurípides», *RL* 20, 99-108.

NANCY, C. 1983. «F£rmakon swthrÌaj. Le mécanisme du sacrifice humain chez Euripide» *Actes du colloque de Strasbourg 5-7 Novembre 1981*, Strasbourg, 17-30.

NANCY, C. 1984. «Euripide et le parti des femmes», *QUCC* 46, 111-136.

O'CONNOR-VISSER, E. A. M. E. 1987. *Aspects of human sacrifice in the tragedies of Euripides,* Amsterdam.

PICKARD-CAMBRIDGE, A. 1968. *The Dramatic Festivals of Athens,* Oxford (2ª ed.).

POHLENZ, M. 1954. *Die griechische Tragödie,* Göttingen (2ª ed.)[trad. ital.: *La Tragedia Greca,* Brescia, 1961].

PRITCHETT, W. K. 1971. *The Greek State at War* (Part I), Berkeley.

PRITCHETT, W. K. 1979. *The Greek State at War* (Part III), Berkeley.

RIBEIRO FERREIRA, J. 1992. *Hélade e Helenos. Génese e evolução de um conceito*, Coimbra.

RIBEIRO REBELO, A. 1992. *Mito e culto de Ifigénia Táurica* (dissertação de mestrado em Literatura Grega apresentada à Faculdade de Letras da Universidade de Coimbra — texto policopiado).

RICHARDSON, L. J. D. 1957. «Note on p£lin, *Heraclidae* 209», *Mnemosyne* 10, 337-339.

RICHARDSON, J. L. 1958. «Heraclidae 39», *Hermathema* 91, 70.

ROCHA PEREIRA, M. H. 1955. *Concepções Helénicas de Felicidade no Além, de Homero a Platão,* Coimbra.

ROCHA PEREIRA, M. H. 1991. «Matéria e Forma na Tragédia Grega», *Biblos* 67, 3-14.

ROCHA PEREIRA, M. H. 1995. *Helade. Antologia da Cultura Grega,* Coimbra (6ª ed.).

ROCHA PEREIRA, M. H. 1998. *Estudos de História de Cultura Clássica I,* Lisboa (8ª ed.).

ROMILLY, J. 1961. *L'évolution du pathétique d'Esquile à Euripide,* Paris.

ROMILLY, J. 1969. «Il pensiero di Euripide sulla tirannia», *Dioniso* 43, 175--187.

ROMILLY, J. 1986. *La modernité d'Euripide,* Paris.

ROSIVACH, V. J. 1978. «The altar of Zeus Agoraios in the *Heracleidae*», *PP* 33, 32-47.

ROSIVACH, V. J. 1987. «The cult of Zeus Eleutherios at Athens», *PP* 42, 262--285.

ROUSSEL, P. 1922. «Le thème du sacrifice volontaire dans Euripide», *RBPh,* 225-240.

SIFAKIS, G. M. 1979. «Children in Greek tragedy», *BICS* 26, 67-80.

SILVA, M. F. S. 1991. «Sacrifício Voluntário. Teatralidade de um motivo euripidiano», *Biblos* 67, 15-41.

SNODGRASS, A. 1967. *Arms and armour of the Greeks,* London.

SPRANGER, J. A. 1925. «The Political Element in the *Heracleidae* of Euripides», *CQ* 19, 117-128.

STANLEY-PORTER, D. P. 1973. «Mute actors in the tragedies of Euripides», *BICS* 20, 68-93.

STEFANIS, J. 1977-1978. «Euripide, les *Héraclides* 819-822», *Hellenica* 30, 217-222.

STROHM, H. 1957. *Euripides. Interpretationen zur dramatischen Form,* München.

VELLACOTT, P. 1975. *Ironic drama. A study of Euripides' method and meaning,* London.

VERSNEL, H. S. 1981. «Self-sacrifice, compensation and the anonymous gods» in *Le sacrifice dans l'antiquité.* Entretiens Hardt. Tome XXVII, Genève, 135-194.

WEBSTER, T. B. L. 1967. *The Tragedies of Euripides*, London.

WEIL, H. 1908. *Études sur le Drame Antique,* Paris.

WHITMAN, C. H. 1974. *Euripides and the full circle of myth,* Cambridge.

WILAMOWITZ-MOELLENDORFF. 1875. *Analecta Euripidea,* Hildesheim [reimpr. 1963, Berlin]

WILAMOWITZ-MOELLENDORFF. 1882. «De Euripidis Heraclidis commentatiuncula», *Hermes* 17 [reimpr. 1935 e 1971 in *Kleine Schriften,* Berlin, 62-81].

WILKINS, J. 1990a. «The State and the invidual: Euripides' plays of voluntary self-sacrifice» in POWELL, A. (ed.), *Euripides, Women and Sexuality,* London, 177-194.

WILKINS, J. 1990b. «The young of Athens: religion and society in *Herakleidai* of Euripides», *CQ* 40, 329-339.

WILLINK, C. W. 1991.« Notes on the parodos-scene in Euripides' *Heraclidae* 73-117», *CQ* 41, 525-529.

ZUNTZ, G. 1947. «Is the *Heraclidae* mutilated?», *CQ* 41, 46-52.

ZUNTZ, G. 1955. *The Political Plays of Euripides,* Manchester.

ZUNTZ, G. 1958. «A note on Euripides *Heraclidae* 207-211», *Mnemosyne* 11, 243.

ZUNTZ, G. 1965. *An Inquiry into the Transmission of the Plays of Euripides,* Cambridge.

Índice

Impressão e acabamento
da
CASAGRAF - Artes Gráficas Unipessoal, Lda.
para
EDIÇÕES 70, LDA.
Novembro de 2000